Paul Sailer-Wlasits

—

Lüge, Hass, Krieg

Paul Sailer-Wlasits, geboren 1964, ist Sprachphilosoph und Politikwissenschaftler in Wien. Forschungsgebiete: Sprachphilosophie, Hermeneutik, Metaphorologie, Diskursanalyse, Ästhetik, Philosophie der Mythologie und vorsokratische Philosophie.

Monografien: *Minimale Moral. Streitschrift zu Politik, Gesellschaft und Sprache* (2016). *Verbalradikalismus. Kritische Geistesgeschichte eines soziopolitisch-sprachphilosophischen Phänomens* (1. Aufl., 2012; 2. Aufl., 2021). *Hermeneutik des Mythos. Philosophie der Mythologie zwischen Lógos und Léxis* (2007). *Die Rückseite der Sprache. Philosophie der Metapher* (2003). *1927 – Als die Republik brannte. Von Schattendorf bis Wien* (2. Aufl., 2002)

Zuletzt erschienen bei Königshausen & Neumann: *Uneigentlichkeit. Philosophische Besichtigungen zwischen Metapher, Zeugenschaft und Wahrsprechen. Ein Essay* (2020).

Paul Sailer-Wlasits

Lüge, Hass, Krieg

Traktat zur Diskursgeschichte eines Paktes

Königshausen & Neumann

Für David

Bibliografische Information der Deutschen Nationalbibliothek

Die Deutsche Nationalbibliothek verzeichnet diese Publikation in der Deutschen Nationalbibliografie; detaillierte bibliografische Daten sind im Internet über http://dnb.d-nb.de abrufbar.

Gedruckt auf säurefreiem, alterungsbeständigem Papier
Umschlag: skh-softics / coverart

Printed in Germany
ISBN 978-3-8260-7691-6
www.koenigshausen-neumann.de
www.ebook.de
www.buchhandel.de
www.buchkatalog.de

Inhalt

Vorbemerkung

Lügen, Hass und Krieg durchwanderten als Feinde des Humanismus in verschiedensten Gestalten und Maskierungen sämtliche Epochen der Menschheitsgeschichte. Die drei Phänomene traten dabei jedoch nicht als homogene Einheit auf. In kaleidoskopartigen, ungleichen Mischungsverhältnissen begleiteten und prägten deren Entwicklungsstränge sprachlicher und physischer Gewalt den gesamten Zivilisationsprozess. Auf verschlungenen, mäanderförmigen Wegen lagerten sie Jahrtausende hindurch Sedimente unterschiedlicher Dichte in den Diskursen vergangener und gegenwärtiger Gesellschaften ab. Die Welt als Dauerzustand von Instabilität diente als Folie für die wechselseitigen Beziehungen und Folgewirkungen des fatalen Paktes.

Im vorliegenden Traktat werden Aspekte ausgewählter historischer Ereignisse schlaglichtartig erhellt, um an diesen die Gefahren und Auswirkungen der verhängnisvollen Trias zu veranschaulichen. Denn Lügen, Täuschungen und Hassreden standen und stehen nicht nur im Zentrum antiker Imperien und totalitärer Staaten der Gegenwart, sondern bedrohen auch stabile Demokratien mit gesellschaftlich zersetzendem Gift.

Als zu Beginn der menschlichen Kulturgeschichte Individuen und Gruppen begannen, den Umgang miteinander einzuüben und zu pflegen, entstanden durch Abweichungen von der Wahrheit, Betrug und verbalisierten Hass gesamtgesellschaftliche Verwerfungen, die nicht selten in kriegerische Auseinandersetzungen mündeten. Doch lange bevor politische

Spannungen umschlugen und sich die bewunderte aber auch gefürchtete rhetorische Sprachgewalt in Gewalt durch Sprache verwandelte, breiteten sich deren Vorbereiterphänomene bereits vielerorts aus. Wenn an den spannungsreichsten Punkten des Diskurses, die oftmals zu den bedeutsamen Wendepunkten der Geschichte zählten, die Tat das Wort überschritt, war es, als ob das Archaische aus der Sprache hervorbräche. Dennoch blieb der Übergang vom Wort zur gewaltsamen Tathandlung stets ein fließender, subkutaner Prozess, der seinen eigenen Gesetzen mit wesenseigener Dynamik folgte.

Hassreden und Lügen waren in der Antike bisweilen direkter, härter und von hoher verbaler Dichte und fanden sich dennoch in das Sozialverhalten hochgradig eingebunden. Der Zivilisationsprozess, gerade erst den Kinderschuhen entwachsen, war von einer ungestümen Wildheit der Adoleszenz geprägt. Im Zuge der Renaissance und des sich langsam aufrichtenden menschlichen Subjekts sowie den sich allmählich herausbildenden Gesellschaftsverträgen schwächte sich die Hassrede scheinbar ab. Der Verbalradikalismus aus den rohen und gehässigen Zeiten der Kreuzzüge und des erbarmungslosen Kolonialismus hatte sich zwar quantitativ reduziert, doch Hass, Lüge und Gewalt blieben in den verschiedensten Schattierungen, Zusammensetzungen und Schweregraden, über die Französische Revolution hinweg, bis zur Gegenwart lebendig.

Das Zwanzigste Jahrhundert, welches eiligen Schrittes die Moderne hinter sich ließ und die technologischen Weichen für immer schneller aufeinanderfolgende industrielle Revolutionen legte, war von einem unerwarteten sprachlichen und in weiterer Folge politisch-kriegerischen Rückschritt gekennzeichnet.

Die vormalige Sprache der Aufklärung und des Deutschen Idealismus geriet in den unbarmherzigen Würgegriff des Totalitarismus. Mit den kontaminierten Sprachresten jener Zeit kämpft die Gegenwart des anhebenden dritten Jahrtausends nach wie vor. Diese verbalen Überreste breiten sich sowohl in den analogen als auch in den digitalen Diskursräumen mit atemberaubender Geschwindigkeit aus. Der nur scheinbar harmlose Wortmissbrauch erzeugt dabei wie ein falscher Ton eine Atmosphäre der sprachlichen Übertretung, Zuspitzung und Übersteigerung. Kurz bevor sich die Realität in eine Tragödie verwandelt, schlägt bereits die Sprache um. Diese verbleibt nicht immer in der Dimension des Textes stehen, sondern zieht oftmals Handlungen nach sich. Nicht immer führen Lügen und Hass zu kriegerischer Gewalt, doch an allen Kriegen waren Lügen und Hass als verbale Mittäter beteiligt.

Von Ägypten über Rom, die Kreuzzüge und die Propagandalügen absolutistischer Herrscher blieben die als gerechte Kriege maskierten Angriffskriege, von Vietnam über den Irak bis hin zur Invasion der Ukraine, als Spuren des Paktes aus Lüge, Hass und Krieg sichtbar. Lügen und Täuschungen sind jene informationelle Basis, welche in der Art von Vektoren die Richtung des Denkens im Vorfeld von Gewalt begleiten und beeinflussen. Hass hingegen ist der Treibstoff, der die Grundlage für die zunehmende Beschleunigung, auch jene der tödlichen Kriegsdynamik, bildet.

Lüge, Hass und Krieg sind eine brüllende, todbringende Verbindung eingegangen, sie wecken einander auf, wirken amplifizierend und kumulierend. Das von Ethik getragene Wort hingegen ist leise. Im Zuge der sich gegenwärtig vollziehenden digitalen

Revolution verschwimmen auch die diskursiven Konturen von *wahr* und *falsch*. Die Gefahr ist längst nicht gebannt, dass Frieden sohin zu einer Frage der Perspektive wird und Gewaltlosigkeit zur sprachlichen Konvention mutiert, während Lügen, Hass und kriegerische Gewalt mit nahezu ikonischer Haltbarkeit weiterhin mühelos die Epochen durchschreiten.

Wien, im Sommer 2022
P. S.-W.

Kapitel I

Die Wucht des Schreckens: Lüge, Hass und Krieg in der Antike

„Krieg ist aller Dinge Vater, aller Dinge König. Die einen macht er zu Göttern, die anderen zu Menschen, die einen zu Sklaven, die anderen zu Freien."

Heraklit[1]

Die Sprache des ersten vorchristlichen Jahrtausends war von einer völlig anderen, mit heutigen Maßstäben gemessen, unvergleichlich hohen Affektgeladenheit gekennzeichnet. Ebenso war die gesamte Lebenswirklichkeit der Ethnien innerhalb und außerhalb der antiken Großreiche überaus stark sakral gebunden. In zahlreichen der profanen und insbesondere der sakralen Texte des ersten vorchristlichen Jahrtausends findet sich nicht nur die Verschriftlichung von Macht, Hass und Gewalt, sogar Tötungsanordnungen sind in diesen festgehalten. Der Bogen sprachlicher Gewalt reicht von einigen der *„blutgetränkten Texte"*[2] des Alten Testaments über den Proto-Rassismus der griechischen Antike bis zur lügendurchsetzten Hasssprache im Imperium Romanum.

Hassreden und Tötungsanordnungen: Sprache und Gewalt im Alten Testament

Zu den frühesten Texten des *Alten Testaments* zählt das *Deuteronomium*. Das fünfte der *Fünf Bücher Mose* ist Teil des *Pentateuch* und sprachlich voll von Gewalt und Aufrufen zu dieser. Die historischen Schichten und textlichen Ebenen des Buches führen eine vielfältig abgestufte Metaphorik der Gewalt vor Augen. Das

1 Heraklit, in: Diels u. Kranz (1996), Frg. 53.

2 Vgl. Lohfink (1992), S. 2.

Deuteronomium geht weit über das Performative hinaus, indem darin nicht nur Gesetze und Anordnungen wiederholt werden, sondern ausdrücklich zu Mord, sogar zu systematischem Mord, im weitesten Sinne Völkermord, innerhalb eines frühen, vorstaatlichen Kultverbandes aufgerufen wird. Die zahlreichen narrativen Ebenen enthalten teils strenge Anweisungen, die als direkte Interventionen Gottes formuliert sind. Demgemäß weisen diese den Charakter normativer und konkreter göttlicher Handlungsanweisungen für die biblischen Stämme Israels auf.[3] In diesen werden jeweils die großen historischen Machtblöcke des neunten, achten und siebenten vorchristlichen Jahrhunderts reflektiert: jene der Ägypter, Assyrer, Babylonier und Hethiter.

Die Lektüre jener Bücher, die zum Kernbestand des Alten Testaments zählen und Erzählungen von präisraelitischer Völkervernichtung enthalten, kann nicht nur auf metaphorische Weise erfolgen. Eine solche textliche Strategie hätte die Konsequenz, konkrete Handlungsanleitungen zur Auslöschung von sieben vorisraelischen Nationen auf teils spirituell-poetische, teils metaphorische Dimensionen zu reduzieren. Auch gebraucht die gewaltvolle Hasssprache der betreffenden Stellen des Deuteronomiums immer wieder den hebräischen Terminus *cheraem*. Die Bezeichnung *cheraem* umfasst den Bedeutungsraum von Vernichtung, Tötung und Auslöschung. Unmissverständlich ist, dass die Anordnungen zu Massentötungen direkt von Gott, *Jahwe*, kommen. Derartige Tötungsaufforderungen eröffnen sofort den Widerspruch zum göttlichen Plan als Inbegriff des Guten

---

[3] Vgl. Braulik (1978), S. 92ff.; vgl. Lohfink (1985); vgl. Ders. (1992); vgl. Braulik u. Lohfink (2021).

und ethisch Makellosen. Dennoch eskaliert die Landnahme des auserwählten Volkes Gottes, als Folgeleistung des strengen Gelübdes an diesen, zur Massentötung: „*In jener Zeit nahmen wir alle seine Städte ein, und wir vollstreckten den Bann an jeder Stadt, an Männern, Frauen und Kindern; wir ließen keinen übrig, der entkam.*“[4]

Die alttestamentlichen Übersetzungen von *cheraem* lauten zumeist *Vernichtungsweihe* und *Bannen*. Diese beiden heterogenen, problematischen Begriffe nähern sich der Bedeutung von Vernichtung jedoch nur auf unzulängliche Weise an. Das Kompositum *Vernichtungsweihe* ist ein unvollständiges Amalgam aus den Wörtern *Vernichtung* und *Weihe*, das mehr Fragen aufwirft als löst. Denn zum einen trägt die *Vernichtungsweihe* die Bedeutung des *dem Tode geweiht seins* als Schicksal, dem nicht zu entrinnen ist, mit sich. Zum anderen wirft es die Frage auf, weshalb die Vernichtung qua Weihe dem Status eines rituellen Opfers angenähert wird, einem geheiligten Akt, der die Massentötung sowie die Zulässigkeit der Mittel damit einer quasireligiösen Erklärung zuführt. Die antike Hasssprache des Deuteronomiums vermittelt mehr als nur eine Erzählung im Stil der Sprache der Gottesfurcht und des Gotteszorns. Im Erzeugen eines narrativ nicht auflösbaren Spannungsverhältnisses der göttlichen Aufforderung zur Landnahme, unter aktiver Inkaufnahme von Massentötungen präisraelitischer Ethnien, wird das Fünfte Buch Mose als äußerster Rand des Willens Gottes lesbar.[5]

In zahlreichen der alttestamentlichen Erzählungen handelt Gott anstelle der Menschen seines auser-

---

4 Dtn. (Deuteronomium) 2, 34.

5 Vgl. Sailer-Wlasits (2021), S. 30ff.

wählten Volkes, er beschützt dieses und beseitigt jene Feinde, die übermächtig scheinen. Die im Deuteronomium geschilderten Menschen waren nicht nur zuversichtlich, sondern sicher, was die jederzeitige göttliche Gegenwart und Hilfestellung betraf.[6] Doch diese göttlichen Vorleistungen werden nur unter der Voraussetzung bedingungslosen Gottvertrauens vonseiten des auserwählten Volkes erbracht.[7] Bibelwissenschaftliche Erklärungsversuche, die darauf abzielen, historisch zu relativieren oder das Dilemma narrativ-poetisch zu lösen, warum von Gott als Urgrund und Wesenheit alles Guten die Anweisung zur Massentötung ausgegangen sein sollte, stehen demgemäß auf tönernen Beinen.[8] Die Sprache des Deuteronomiums erweitert den Bedeutungsraum des Gottgewollten, da es die Massentötungen nicht weiter kontextualisiert, sondern lediglich aufzählt. Weder werden Fragen von Schuld, Unrecht oder Verantwortung gestellt, noch Reue oder gar Bedauern den Opfern gegenüber angedeutet. Diese verbleiben auf dem Schlachtfeld, auf dem die Landnahme stattfand, als anonyme, unkommentierte Getötete, deren Sterben scheinbar im Einklang mit dem göttlichen Welthandeln stand.[9]

---

[6] Vgl. Rad (1965), S. 29f.
[7] Vgl. Lind (1980), S. 147.
[8] Vgl. Barr (1993), S. 207ff.
[9] Vgl. Sailer-Wlasits (2021), S. 32.

Von Mythen spracharmer Völker und lügendurchsetzten Epen

Das Phänomen der Hassrede und jenes der Lüge haben einen gemeinsamen Anfang: jenen des Beginns der Narration. Als die Kulturgeschichte anbrach und die Menschen begannen, einander Geschichten zu erzählen, gelangte neben dem versprachlichten Hass noch eine weitere Rückseite der Sprache zum Vorschein: jene der Lüge. Menschen berichteten einander fantasievoll von vielerlei Heldentaten und von Göttern, die nicht immer Gutes im Schilde führten, sondern einander im bunten antiken Götterhimmel auch vielfach zu täuschen und zu übervorteilen versuchten. Ferner war die Rede von Überirdischen, die nicht nur Menschen direkt und indirekt unterstützten, sondern selbst in Menschengestalt auftraten, um bestimmte Irdische moralisch auf die Probe zu stellen oder diese fallweise sogar arglistig zu Fehlern zu verleiten.

In seinem Kern hat sich das Phänomen der Lüge seit dem Anheben der Kulturgeschichte und den Erzählungen frühester Mythen nicht geändert: Der- oder diejenige, die in Form von Lügen falsche Aussagen tätigen, wissen, dass diese unwahr sind. Dieses Wissen um die Unwahrheit unterscheidet die Lüge vom Irrtum. Wenn man von den *Sonderfällen der Lüge*[10] absieht, oder von jenen Fällen, in denen nur aus Versehen und trotz der Absicht zu lügen die Wahrheit gesagt wird, besteht das zweite der wichtigen Charak-

10 Anm. d. A.: Zu den Sonderfällen sprachlicher Lügen zählen u.a. die in positiver Absicht getätigten sog. Notlügen zur Abwehr von Gefahr für Leib und Leben, soziale Lügen zum Wohle von Belogenen sowie das Symptom des pathologischen, zwanghaften Lügens.

teristika von Lügen in der Absicht zu täuschen. Demgemäß hat die vorsätzliche Lüge bereits den gesamten Zivilisationsprozess begleitet, sei es als Stilmittel in der Literatur oder als Transportmittel der Unwahrheit, etwa im Nahebereich von Macht, Gewalt und Kriegen.[11]

Bereits in den homerischen Epen der Ilias und Odyssee wimmelte es vor leichteren und schweren Täuschungsmanövern, Listen und Lügen in sämtlichen verbalen Schattierungen. Über Odysseus schrieb Homer: *„Vielerlei log er zusammen und manches war ähnlich der Wahrheit.“*[12] Und nicht nur seine Zeitgenossen und Gefährten, auch viele der antiken Götter sympathisierten mit seinen Listen und lobten Odysseus, wenn eine List oder Täuschung besonders gut gelang. In der homerischen Ilias wird er als *„polyméchanos“*[13], als geschickt, listig-klug und erfindungsreich charakterisiert. Sein Handeln wird zumeist als vorbildlich beschrieben, häufig glorifiziert und im Vorhinein in einen Rechtfertigungskontext permanenter Notwehrsituationen gestellt. Doch nicht nur in akuten Gefahrensituationen, wie etwa bei Skylla und Charybdis oder dem Kyklopen, verwebt Homer in der Gestalt des Odysseus die Tüchtigkeit und die Lüge kontinuierlich miteinander.[14] Auch seine politischen Trugreden und Handlungen anlässlich seiner Heimkehr nach Ithaka werden damit gerechtfertigt, dass er stets nur im Interesse der Aufrechterhaltung von Recht und Ordnung agierte.

---

[11] Vgl. Sailer-Wlasits (2016), S. 12ff.

[12] Homer (2013), *Odyssee*, IXX. Gesang, 203.

[13] Homer (2013), *Ilias*, IX. Gesang, 308.

[14] Vgl. Platon (1993), *Hippias minor*, 372d: *„Odysseus aber, wenn er irgendwo die Wahrheit sagt, tut es in böser Absicht, und wenn er lügt, ebenso.“*

Derartige literarische Positionierungen treffen nicht nur auf Odysseus und andere Heldenfiguren der griechischen Mythologie zu, sondern auch auf die Göttergeschichte, die *Theogonie* im Allgemeinen. Auch Herodot erwähnt in diesem Kontext die herausragende Rolle von Homer und Hesiod. Denn, so Herodot in seinen Historien, obwohl die Götter immer schon anwesend gewesen wären, hätten die Griechen der Antike nicht auf unmittelbare Weise von diesen gewusst. Erst Hesiod und Homer hätten den Griechen ihre eigene Göttergeschichte als Erzählung gegeben.[15] Sie hätten eine erste Systematisierung der Genese des Götterhimmels vorgenommen, Stammbäume und Verwandtschaftsverhältnisse festgelegt und den idealisierten Gestalten Namen und Beinamen verliehen sowie Ämter und Funktionen zugeordnet.[16] Davor hätten die Griechen als *„spracharmes Volk"* auf die narrative Gabe der Göttergeschichte, in einem *„ratlosen Zustand einer fast stummen Verehrung"*[17] gewartet. Erst die Versprachlichung einer Göttergeschichte vermochte den vorherrschenden Zustand eines Anbetens und Adressierens amorpher und inkonkreter Naturmächte zu beenden. In den homerischen Epen weist der polytheistische Olymp eine bemerkenswerte Vielzahl und Dichte an Anthropomorphismen auf: Projektionen menschlicher Konflikte, mit Aspekten von Liebe, Hass, Lügen und Rache, Macht und Gewalt stehen bei Homer an der Tagesordnung. Für seine anthropomorphistischen Tendenzen wurde er nicht selten kritisiert, wie etwa von einem Vorsokratiker des sechsten vorchristlichen Jahrhunderts, Xenophanes von Kolophon: *„Alles haben den Göttern Homer*

---

[15] Vgl. Herodot (2006), II, 53, 2f.

[16] Vgl. ebda., II, 52, 2f.

[17] Creuzer (1819), S. 6.

und Hesiod angehängt, was nur bei den Menschen Schimpf und Tadel ist: Stehlen und Ehebrechen und einander Betrügen.“[18] Von Anthropomorphismen spricht auch Aristoteles, wenn er darauf hinweist, dass Göttern vielfach Menschengestalt zugewiesen werde, da schließlich auch diese kaum anderes täten, *„als ewige Menschen“*[19]. Homers dynamisch-bunter Götterhimmel bildet jedoch nicht die gesamte antike Gesellschaft ab. Sein Elysium tritt als Abbild der agierenden, herrschenden Elite zutage, denn seine Theogonie vernachlässigt die Bauern- und Handwerkergötter zugunsten der hegemonialen Spitze einer autoritär und fallweise auch totalitär agierenden Götterwelt.

Dass auch der Trojanische Krieg, ein Feldzug samt zehnjähriger Belagerung, mit einer Lüge in Form eines Betrugs seinen Ausgang nahm, ist bekannt. Paris, der trojanische Königssohn belügt und hintergeht den spartanischen König Menelaos, indem er als Gastfreund des Menelaos dessen Frau Helena – vermutlich nicht gänzlich gegen deren eigenen Willen – nach Troja entführt. Helena ist jedoch keine herkömmliche Gemahlin eines antiken Herrschers. Als Tochter von Zeus und Leda, einer Sterblichen, galt sie, folgt man den homerischen Epen, als anmutigste, hinreißendste Wohlgestalt der Antike, oder, aus anderem Blickwinkel und mit den Worten Friedrich Nietzsches, *„als Quelle des Übels“*[20]. Da sämtliche der jungen Fürsten Griechenlands um Helena geworben hatten und ihr irdischer Vater Tyndareos den Ausbruch schwerer Konflikte befürchtete, nachdem er sie einem der Brautwerber zur Frau gegeben haben würde, ließ er alle Fürsten schwören, dass diese denjeni-

---

18 Xenophanes, DK (1996), 21, B 11.
19 Aristoteles (1989), III, 997b 10.
20 Nietzsche (1988), S. 148.

gen, der Helena letztlich ehelichte, stets unterstützen und achten würden. Dieser Eid war eine der maßgeblichen Ursachen für die Geschlossenheit und Bündnistreue der langjährigen griechischen Kriegsführung gegen Troja sowie die Legitimation der gewaltvollen Befreiungsaktion. Das konkrete, manifeste Kriegsziel bestand in der Rückholung Helenas, das latente, mitgemeinte bestand in der Wiederherstellung der gesamtgesellschaftlichen Ordnung. Und auch Troja fiel nicht im direkten kriegerischen Kräftemessen, sondern gleichfalls durch eine Lüge: jene der Belagerer in Form eines Täuschungsmanövers. Aus einem hölzernen Pferd entstiegen nächtens griechische Kämpfer, öffneten die Stadttore von innen und setzten die Stadt in Brand. Nur wenige Menschen entgingen der völligen Zerstörung, unter diesen Prinz Aeneas, auch er teils göttlicher Herkunft. An den ikonisch konstanten Mythos vom Untergang Trojas schloss später jener vom Beginn der Gründungslegende Roms an.[21]

In nicht allzu großer zeitlicher und örtlicher Entfernung von Troja stand im östlichen Mittelmeerraum ebenfalls eine Lüge im Zentrum einer kriegerischen Auseinandersetzung, jener der großen Schlacht von Kadesch. Ein klassischer Grenzkonflikt im Jahre 1274 v.Chr., zwischen den Ägyptern unter Ramses II. und den Hethitern unter Muwatalli II. Die antike Stadt Kadesch – nahe der heutigen Stadt Homs im Westen Syriens gelegen –, war bereits seit der Mitte des zweiten vorchristlichen Jahrtausends ein heftig umkämpfter Grenzbereich der damaligen Großreiche. Der Feldzug von Ramses II., mit dem Ziel der Einnahme von Kadesch, geriet aufgrund einer Lüge von Beduinen, die im Auftrag der Hethiter glaubwürdig

---

[21] Vgl. Sailer-Wlasits (2007), S. 44ff.

von deren angeblich noch weit entfernter Streitmacht berichteten, in große Schwierigkeiten.

Die an Kadesch heranrückenden vier Divisionen von Ramses II., zu je etwa 5000 Soldaten, waren jeweils einige Stunden Fußmarsch voneinander entfernt. Doch die hethitische Streitmacht war nicht, wie die Beduinen lügend beteuert hatten, fern, sondern lauerte in einem nahen Hinterhalt bei Kadesch.[22] Nur mit Mühe und mithilfe der im letzten Moment rechtzeitig eintreffenden ägyptischen Elitetruppe, der *Ne'arin*, konnte der Pharao, im Zuge des aus dem Hinterhalt und mit schnellen Streitwägen durchgeführten Überraschungsangriffs der Hethiter, vor jenen gerettet werden. Beide Heere zogen sich nach zweitägigen Kämpfen mit schweren Verlusten zurück und vereinbarten einen Waffenstillstand, wodurch der ägyptische Feldzug gegen Kadesch zum Fehlschlag wurde. Kurze Zeit später verbuchten beide Reiche jedoch, in propagandistisch-überhöhter Form und mithilfe geschönter antiker „Fake-News", die Schlacht als gewaltigen Sieg für die jeweils eigene Seite. Von Ramses II. ist in Gedichten und auf Wandreliefs überliefert, er habe alleine und nur mit göttlicher Hilfe ausgestattet, gegen Tausende Hethiter siegreich gekämpft. Eine wahrheitsferne Kommunikationsstrategie, in welcher sogar die Rolle des eigenen Militärs zum Zweck der Selbsterhöhung und des pharaonischen Machterhalts abgewertet wurde. Die Beduinenlüge samt militärisch-politischem Fehlschlag und wahrheitsfernem Resümee führte paradoxerweise zu einem Friedensvertrag zwischen Ägypten und den Hethitern. Demgemäß wurde bereits vor 3200 Jahren ein militärischer Misserfolg von Regenten im Nach-

[22] Vgl. Assmann (1984), S. 201ff.

hinein rhetorisch in einen Sieg verwandelt. Zwischen antikem Totalitarismus und Populismus schwankend, heiratete Ramses II. einige Jahre nach diesem Friedensvertrag, wohl primär aus taktischen Überlegungen, sogar eine hethitische Prinzessin.

Wahre, tüchtige und wohlgemeinte Lügen

Nahezu ein Jahrtausend später, als die griechische Welt der Philosophie und des Lógos endlich gegen den Mythos aufgestanden war, werden in den platonischen Dialogen die Göttergeschichten erneut diskutiert. Die bereits zu Platons Zeit als sehr alte Erzählungen geltenden Theogonien und die darin enthaltenen Lügen, Hassreden und teils frivolen Täuschungsmanöver der Überirdischen werden in seinen Dialogen durchaus kontrovers behandelt. Besonders der politische Aspekt göttlicher Eingriffe in das gesellschaftliche Miteinander von Menschen steht darin zur Debatte. Ebenso gelangen die Themen der Lügen und Trugreden immer wieder zur Sprache und werden intensiv erörtert und analysiert. In seinem Dialog *Der Staat* lässt Platon einen der Gesprächspartner herleiten, dass Götter der Lüge nicht bedürften, da ihnen diese keinen Nutzen bringen.[23] Lügen seien höchstens für Menschen von Nutzen.

Grundsätzlich seien Abweichungen von der Wahrheit abzulehnen, falls es jedoch im Interesse des Staates liege und nützlich erscheine, sei sogar die „*tüchtige, wohlgemeinte Lüge*"[24] als Täuschungsmanö-

---

23 Vgl. Platon (1993), *Der Staat*, II, 382dff.

24 Ebda., III, 389b u. 414b.

ver vonseiten der Staatsführer zulässig. Diese heutzutage absolutistisch und illiberal anmutende Position Platons basiert nicht zuletzt auf der Annahme einer naturgegebenen Ungleichheit von Menschen. Aufgrund dieser und weiterer autoritärer und tendenziell totalitärer Ansätze wurde die Staatsphilosophie Platons vielfach kritisiert, u.a. von Karl Popper, da diese als geschlossene Gesellschaft einer offenen, pluralistischen diametral entgegengesetzt sei.[25] Der geistige und gesellschaftliche Stellenwert der Lüge hielt in der Antike jedoch auch Einzug in das konkrete realpolitische Handeln. Der griechische Sommer des Jahres 427 v.Chr. etwa zählte zu den Höhepunkten, was die Zunahme von lügendurchsetzter Ausweglosigkeit und kriegerischer Brutalität betrifft, wie die vollständige Hinrichtung der damals belagerten Plataier durch Sparta vor Augen führte.[26] Der Historiker Thukydides kam in seiner Beschreibung des Sittenverfalls im fünften Kriegsjahr des Peloponnesischen Krieges (431 bis 404 v.Chr.) ebenfalls zu einem ernüchternden Schluss: Hinsichtlich der politischen Lügen und militärischen Strategien des Übervorteilens, so sein Urteil, wäre es vernünftiger gewesen, zu betrügen und zu lügen, da derjenige der das Vertrauen brach, stets als geschickt und klug angesehen wurde, denn „*... das Vertrauen ging unter im Hohn und verschwand.*“[27]

Pseudos lautet die altgriechische Bezeichnung für die Abweichung von der Wahrheit. Dieser Begriff war in der Antike weit gefasst und umfasste zahlreiche Bedeutungen, von harmlosen Kindergeschichten über Träumereien, bis hin zu Lügen und Irrtümern. Entscheidend ist, dass die Lüge in der griechischen Anti-

---

25 Vgl. Popper (1992), S. 203ff.
26 Vgl. Thukydides (1993), III, 68.
27 Ebda. (1993), III, 83.

ke näher an die *technē* rückte, d.h. an das Können und das Vermögen im Sinne einer Fertigkeit. Im platonischen Dialog *Hippias* etwa zwingt Sokrates seine Diskussionspartner argumentativ dazu, anzuerkennen, dass Lügen mit Können und Wissen zusammenhängen.[28] Ähnlich wie ein Könner im Diskuswurf den Diskus weit, jedoch auch willentlich wenig weit zu werfen vermag, hat der Wissende hinsichtlich seines Wissensbestandes sowohl die Wahrheit als auch die Lüge zu seiner ständigen Verfügung. Da er sprachlich je nach Belieben entweder Lügen oder die Wahrheit einzusetzen vermag, gilt er in der Antike als der geschicktere und begabtere Mensch. Im eklatanten Gegensatz zu einem Könnenden verharrt der Unwissende lediglich im Irrtum.[29] Wissen und Fähigkeiten versetzen demgemäß Menschen in die Lage wählen zu können, ob sie die Wahrheit sagen oder lügen wollen. Beides obliegt ihrer Entscheidung, woraus jedoch auch folgt, dass für den Wissenden der sprachliche Weg, irrtümlich die Unwahrheit zu sagen, nicht mehr beschreitbar ist.

Die sogenannte „*wahre Lüge*"[30], die Abweichung von der Wahrheit aufgrund von Nichtwissen wiegt in der Antike zunächst schwerer, als das bewusste, wissentliche Lügen. Deshalb gilt Odysseus in den homerischen Epen nicht als notorischer Lügner, Betrüger oder Proto-Populist, sondern als raffinierter, geschickter und fintenreicher Könner, als abgebrüht-listiger Held. Im Bewältigen übermenschlich großer Gefahren wird er in seiner Epoche zu einer seltsamen, gleichzeitig jedoch faszinierenden Identifikationsfi-

28 Vgl. Platon (1993), *Hippias minor*, 365ff.
29 Vgl. Sailer-Wlasits (2916), S. 13f.
30 Platon (1993), *Der Staat*, 382f.

gur, deren Mythos offenbar mühelos und in eindrucksvoller ikonischer Konstanz die Zeiten übersteht. Aufgrund des Wandels kultureller Paradigmen im Laufe der Jahrtausende widerspricht die antike Sichtweise auf Odysseus jedoch vielen der gegenwärtigen ethischen und soziokulturellen Maßstäbe. Er wird heute differenzierter und hinsichtlich seines Charakterprofils vollständiger und folglich in seiner gesamten Vielschichtigkeit und exponierten Ambivalenz wahrgenommen. Nach drei Jahrtausenden des Zivilisationsprozesses kann Odysseus nicht mehr wie in der Antike als überlegener, listiger-kluger Held und gleichzeitig, ausgerechnet aufgrund dieses seines Könnens, auch als hochwertigerer, moralisch besserer Mensch wahrgenommen werden.

Mit dem Aufstehen der attischen Philosophie werden die überlebensgroßen mythischen Gestalten zwar nicht kleiner, doch die Kraft des Lógos relativiert im Laufe der griechischen Klassik das Bild ihrer Makellosigkeit. Zur platonischen Tugend der Wahrhaftigkeit als Grundverpflichtung des Menschen fügt Aristoteles in seiner *Metaphysik* hinzu: „*Das Wahre und das Falsche liegt nicht in den Dingen selbst, ... sondern im Verstand ...*“[31]. Dieser grundlegende Gedanke sollte eineinhalb Jahrtausende hindurch die Richtung der Wesensbestimmung der Wahrheit bestimmen, über die thomistische Erkenntnistheorie und deren Forderung nach Übereinstimmung von Gegenstand und Verstand hinaus, bis in die Renaissance. Dem Verstandesurteil wird darin eine Art von *Wohnort des Wahren* zugewiesen. Daher erscheinen die Argumentationsstränge in Aristoteles' *Nikomachischer Ethik* nur konsequent, wenn sie die Tugend der Wahrhaf-

---

[31] Aristoteles (1989), VI, 1027b 25.

tigkeit als Zielsetzung möglichst nahe an die wahrheitsgemäße Aussage heranrücken. Wahrhaftig sei nicht primär jener, der sich nur an Verträge oder Gesetze halte; derjenige sei lediglich gesetzeskonform. Wahrhaftig sei hingegen jener, der sich aus freien Stücken an die Wahrheit binde und sich selbst zu dieser verpflichte. Wahrhaftigkeit solle demgemäß nicht nur in wichtigen Ausnahmefällen und deren Fragestellungen, sondern insbesondere in jenen Fällen zum Tragen kommen, *„wo es nicht darauf ankommt, und dann umso mehr, wo es darauf ankommt.“*[32]

Das Imperium Romanum: Proto-Rassismus, Hasssprache und kriegerische Gewalt

Die Entfernung von der Wahrhaftigkeit, etwa aufgrund von sprachlich zum Ausdruck gebrachten Überhöhungen, führt nicht mit Notwendigkeit zu offenen Lügen und Täuschungen; der Übergang scheint jedoch oftmals fließend zu sein. In den Gesellschaften der Antike gelangten identitätsstiftende Überhöhungen von Tugenden der je eigenen Ethnie unentwegt zur Sprache. Die Überlegenheit hinsichtlich der sich selbst attestierten Sitten und Moral, der Kraft und des Mutes, der Ehrlichkeit und Fähigkeit, bis hin zur Intelligenz blieben jedoch nicht bei der verbalen Feststellung stehen. Die Lobreden und -gesänge auf die Tugenden einer Ethnie gingen sprachlich vielfach Hand in Hand mit der verbalen Herabwürdigung alles abweichenden Anderen, der anderen Volksgruppe, des anderen Reiches, der andersartigen Kultur. In

[32] Aristoteles (2007), IV, 1127b.

zahlreichen Sprachen der antiken Welt wurde der Name des je eigenen Volkes häufig mit dem Begriff *Mensch* synonymisiert. In dieser Gleichsetzung der Bedeutung von je *Eigenem* mit *Mensch* liegt jedoch bereits die erste Keimzelle des Ausschließens. Denn im *Begegnen* eines Anderen, sei es auf individueller oder kollektiver Ebene, wird das *Gegen* virulent. Das sprachliche Begegnen mit dem Anderen, Fremden und Andersgläubigen oszilliert oftmals zwischen Ablehnung, Ausschließung, Über- und Unterordnung bis hin zu offener Feindschaft. Von Ägypten über Griechenland bis zum Imperium Romanum bestand der „*Proto-Rassismus*"[33] der frühen Hochkulturen aus einer Vielzahl von schweren und schwersten Vorurteilen, rigiden Animositäten sowie ethnischen und religiösen Ausgrenzungen.

Verschiedene Mutmaßungen, die sich in den vorchristlichen Jahrtausenden festigten, sind noch bei griechischen Autoren des perikleischen Zeitalters, wie etwa Herodot, zu finden. Diese Annahmen bestanden aus vermuteten Zusammenhängen und Einflüssen auf die menschliche Entwicklung durch geografische Gegebenheiten und klimatische Bedingungen; darüber hinaus setzten sich die Vorurteile aus stereotypisierenden Beschreibungen genereller äußerer Merkmale und sozialer Verhaltensweisen zusammen.[34] Trotz seiner Fülle an negativen Ausprägungen und Folgewirkungen entsprach der *Proto-Rassismus* der frühen und frühesten Hochkulturen jedoch keinem biologistischen Rassismus, wie dieser aus der Neuzeit und Moderne bekannt ist, sondern eher einem extremen Ethnozentrismus.

---

33 Isaac (2004), S. 56.

34 Vgl. ebda., S. 58ff.

Besondere Formen von Stereotypisierungen hielten sich über Jahrhunderte, wurden sprachlich tradiert und fanden schließlich Eingang in die Erzählungen und Beschreibungen des ersten vorchristlichen Jahrtausends. Aus den zahllosen Beispielen seien stellvertretend nur einige wenige dieser klischeehaften Vorstellungen genannt: kaltes, unwirtliches Klima wurde mit wilden, kriegerischen und mutigen, fallweise auch als rückständig bezeichneten Menschen bzw. Ethnien assoziiert. Ähnliches galt auch für Sklaven, die aus besiegten Gebieten rekrutiert und sprachlich mit jenen ethnischen Stereotypen stigmatisiert wurden, die in das Weltbild der Sieger passten. Die Stigmatisierungen und Stereotypisierungen machten insbesondere vor der Ebene der Physiognomie nicht halt. Vergleiche mit Tieren sowie metaphorische Herabwürdigungen aufgrund von Haut- und Haarfarbe sowie Gesichtsschnitt mündeten in weitverbreiteten, lang anhaltenden Phänotypisierungen. Aus diesen wurden allmählich sprachliche Über- und Unterlegenheiten konstruiert, über lange Zeiträume tradiert und damit kulturell und gesellschaftlich gefestigt. Ein solches Zusammenwirken von Stigmatisierungen, Stereotypisierungen und sprachlichen Konstrukten trug maßgeblich dazu bei, dass stabile Vorurteile, pauschale Abneigung und Angst vor den „Anderen", Fremden und Barbaren entstehen konnten.[35] Diese Ressentiments wirkten wiederum zurück auf die Sprache und das antike Schrifttum, indem sie ihrerseits in bestehende ausgrenzende Diskurse, etwa jene der ethnischen Abneigung, des Hasses und der Angst eingebettet wurden.

---

35 Vgl. Goldhill (2010), S. 12ff.

Das sprachliche Aberkennen von Gleichwertigkeit machte vor niemandem halt, weder vor antiken Monarchen und militärischen Befehlshabern noch vor Bürgern verschiedener sozialer Schichten. In der Elite der männerdominierten antiken Gesellschaft, jener der primären sprachlichen Tradierer, galt es als Allgemeinwissen, dass beispielsweise das bestehende und die Staatsapparate stützende Sklaventum ein natürliches Phänomen und nicht etwa gewaltsam oder aus sozialen Gründen zustande gekommen wäre. Allgemeine Verbalisierungen der Abneigung, etwa gegenüber Fremden und Unbekannten, können daher rückwirkend als sprachliche Mischung aus Unwissen, übernommener Antipathie und tatsächlicher Angst interpretiert werden. Sprachliche Gleichsetzungen von Menschen und Tieren zum Zweck der Herabwürdigung ersterer, sind dabei eine bekannte und häufig verwendete rhetorische Technik zahlreicher Autoren, von Herodot über Plutarch und Plinius bis hin zu den Gerichtsreden Ciceros, dessen Metapher *Bestie* bei Angriffen auf Prozessgegner häufige Verwendung fand. Verbalradikale Diffamierungen und Hassreden sprossen auch ungehindert vor Gericht und im römischen Senat. Die rhetorische Konstruktion von Feindbildern steuerte dort sogar auf einen neuen historischen Höhepunkt zu. Feindbilder sind auch von Cicero, einem der größten Rhetoren Roms überliefert, der immer wieder vor Verleumdungen und Schmähungen geradezu strotzende Senats- und Gerichtsreden hielt. Die martialische Rhetorik römischer Prozessredner, wie etwa jene des Cassius Severus, wurde von Tacitus zusammenfassend als *„blutdürstige Beredsamkeit“*[36] bezeichnet. Man missbrauche *„Worte*

[36] Tacitus (1998), 12, 2.

als Angriffswaffen“, so Tacitus, mit denen man wegen des Sittenverfalls und der Schrankenlosigkeit jedoch nicht mehr nur „*kämpfte, sondern geradezu raufte*“.[37]

In der Sprache der römischen Kriegsberichte spiegelte sich das Weltmachtgehabe des antiken Imperiums, das im dritten und zweiten vorchristlichen Jahrhundert die Herrschaft über weite Teile des Mittelmeerraumes erlangte. In Sallusts Berichten zu Kriegen ist etwa von *Barbaren* und *Wilden* die Rede, womit er die Nordafrikaner im Allgemeinen und die Libyer im Besonderen diffamierte.[38] Auch frühe bildliche Darstellungen entsprachen den schriftlichen Überlieferungen und porträtierten bedrohliche, durch grobe Gesichtsschnitte gekennzeichnete sowie mit unverkennbar andersartiger Haut- und Haarfarbe dargestellte *Barbaren*.

Die Ausgrenzungen von Fremden sind Konstrukte, die bereits bei griechischen Autoren überproportional intensiviert und bis zu gehässigen Kannibalismus-Vorwürfen gegen Nomadenvölker gesteigert wurden.[39] Massaker an Zivilisten und Massenhinrichtungen in besetzten bzw. unterworfenen Gebieten wurden mit rhetorischen Mitteln bagatellisiert oder gar legitimiert. Vorurteile und Hassreden durchzogen demgemäß unzählige Berichte aus den fernen Provinzen antiker Großreiche. Bestrafungen aus Gründen der Illoyalität Unterworfener konnten sich gegen gesamte Ethnien richten und wurden durch das Militär immer dann am erbarmungslosesten vollzogen, wenn der Außendruck auf das jeweilige Reich stieg. Im Falle des Imperium Romanum etwa im Norden Europas und auch an dessen Südgrenzen, in den Gebieten

37 Ebda., 26, 4.

38 Vgl. Sallust (1994), *Bellum Iugurthinum*, 17f.

39 Vgl. Herodot (2006), III, 25f.

Nordafrikas. Die meisten der Dynastien und Großreiche der Antike, von den Ägyptern über die Assyrer, Griechen und Römer können daher im Rückblick als ethnozentristische und rassistische Regime bezeichnet werden, die jedoch in Ermangelung sprachlich differenzierter Begriffe von Rassismus und Ethnozentrismus noch nicht wussten, dass sie rassistisch dachten und handelten.

Aus dem ersten vorchristlichen Jahrtausend stammen auch die Wurzeln des Antisemitismus, dessen Ursprünge sich zunächst als regional begrenzter ethnischer Antijudaismus manifestierten. Die ethnische, kultisch-religiöse und habituelle Andersartigkeit wurde in einem geografisch eng begrenzten Bereich als feindliche und fallweise auch als bedrohliche Kultur definiert. Aus der griechischen Antike sind kaum Quellen bekannt, die in diesem Kontext über ein Niveau allgemeiner sprachlicher Xenophobie gegen Ethnien und deren religiöse Herabwürdigung hinausreichen. Die Handelsbeziehungen, machtstrategischen Interessen und militärischen Auseinandersetzungen der Griechen führten zwar zu Berührungspunkten mit zahlreichen Völkern des antiken Palästina, das in seiner wechselhaften Geschichte häufig von regionalen Großreichen territorial besetzt war. Doch infolge andersartiger Interessenlagen und Prioritätensetzungen während der griechischen Antike blieb die konkrete Kenntnisnahme des antiken Judentums durch Griechenland lange Zeit auf ein Minimum beschränkt. Diese setzte erst im Laufe des dritten vorchristlichen Jahrhunderts ein. Die Eroberungszüge Alexanders im persischen Großraum, Syrien und dem Norden Ägyptens brachten nicht nur griechische Städtegründungen in Palästina mit sich, sondern auch die Hellenisierung bestehender Siedlungsgebiete.[40]

Die religiöse Verächtlichmachung, Xenophobie und sprachliche Vorurteilsdurchsetztheit gegenüber der jüdischen Religion und Bevölkerung nahm im Römischen Reich zu. Es existierten sämtliche Schattierungen von Verbalradikalismus bis hin zu Hasssprache und verhetzenden Reden. Dennoch wurde ein basales ethnisch-religiöses Toleranzniveau in der Gesellschaft kaum signifikant unterschritten. Auch zur Zeit Caesars und Augustus' wurden Juden weitgehend toleriert, ihre Religionsausübung überwiegend als *religio licita* angesehen. Erst im Laufe des zweiten Jahrhunderts änderte sich die Stimmungslage. Es wurden die jüdischen Separationsgepflogenheiten, von Speisegesetzen bis zur Religionsausübung, rhetorisch umcodiert und als zu geringe Teilnahme am sozialen Leben in Rom und somit als aktive Feindschaft der jüdischen Volksgruppe definiert. Die Dichte an polemischen Schriften gegen die Juden nahm zu, von Tertullian über Cyprian und nicht zuletzt auch Augustinus. Die massive antijüdische Hasssprache erreichte ihren vorläufigen Höhepunkt jedoch erst im vierten und fünften Jahrhundert, gegen Ende des Weströmischen Reiches. Die zu Ende gehenden staatlichen Christenverfolgungen im Zuge der Konstantinischen Wende und die scharfe Abgrenzung von Christentum und Judentum durch Theodosius I. legten schließlich die sprachlichen Wurzeln für den verbalen Antisemitismus nachfolgender Jahrhunderte.[41]

---

40 Vgl. Momigliano (2011), S. 74ff.

41 Vgl. Schreckenberg (1999), S. 560ff.; vgl. auch Noethlichs (2001), S. 87ff.

Von den Lügen Neros zur blutdürstigen Beredsamkeit römischer Rhetoren

Das Römische Reich befand sich auf seinem unaufhaltsamen Weg, die neue Weltmacht der Antike zu werden. Inmitten dieses Entwicklungsprozesses geriet insbesondere ab dem zweiten vorchristlichen Jahrhundert die griechische Kultur in den römischen Einflussbereich. Die Literatur, die Geistes- und Naturwissenschaften, das Rechtssystem und die Künste sowie zahlreiche weitere Disziplinen und gesellschaftspolitische Felder gelangten inhaltlich in das neue Zentrum der antiken Macht. Die Trägerin dieses Kulturtransfers war die griechische Bildungssprache. Doch während das Griechische bereits eine über Jahrhunderte entwickelte, souveräne und höchst differenzierte Sprache war, hinkte die lateinische Sprache noch weit hinterher, wie Cicero und andere dies bemängelten.[42] Weder konnten die Römer bereits auf eine eigene jahrhundertelange geistesgeschichtliche Entwicklung zurückgreifen, noch konnte das rurale und dialektal belastete Latein den epochalen Kulturtransfer aufnehmen; schließlich waren die lateinischen Ausdrucksressourcen erst im Aufbau begriffen. Sogar der in Rom übliche kurze und appellative Redestil der Führungsschicht, die später sprichwörtlich gewordene imperatorische Knappheit, die *brevitas imperatoria*, war nicht primär Ausdruck besonderer Pointiertheit, sondern eine kurze, knappe Artikulationsweise wegen

---

[42] Vgl. Cicero (2002), 24, 81.

der nach wie vor bestehenden Insuffizienz des lateinischen Wortschatzes.[43]

Die Rezeption der griechischen Kultur erfolgte daher auf durchaus ambivalente Art und Weise. Einerseits wurde der kulturellen und intellektuellen Gesamtleistung des Hellenischen höchste Bewunderung und Anerkennung gezollt. Andererseits begegnete man im Römischen Reich, aufgrund des entstandenen neuen Machtbewusstseins und einer damit einhergehenden politisch-kulturellen Weltmachtarroganz, dem griechischen Denken mit einer gewissen Skepsis. Die griechischen Ideale fanden oftmals keine adäquate Akzeptanz, zumal in Rom ein hohes Maß an Vorurteilen gegenüber einer Vielzahl an unterworfenen Völkern herrschte, die häufig als lügnerische, barbarische und heimtückisch-feindliche Kulturen verhöhnt wurden. Unter anderen galten daher die homerischen Epen, mit ihren feinst gesponnenen Täuschungs- und Lügengeschichten aus dem griechischen Götterhimmel, in Rom als Betrug der griechischen Dichter an ihrem Publikum. *Graecia mendax* – lügnerisches Griechenland, lautete ein häufiges Stereotyp in Rom. Doch gleichzeitig wurden immer mehr der griechischen Bezeichnungen als Lehnwörter übernommen, immer häufiger lateinisch dekliniert und mit der römischen Lebenswirklichkeit verschmolzen. Dennoch gingen im Zuge dieser Versachlichung mehr als nur Nuancen des Bedeutungsumfangs griechischer Ideale in der handlungs- und zweckorientierten lateinischen Übersetzung verloren.[44]

---

[43] Vgl. Marouzeau (1949), S. 93f.; vgl. Quintilianus (2011), VIII, 3, 33: „*Multa ex Graeco formata nova, ... ideoque paupertate sermonis laboramus.*“

[44] Vgl. Sailer-Wlasits (2021), S. 67ff.; vgl. Pohlenz (1984), S. 257ff.

Eine der Konsequenzen dieser Entwicklung war, dass auch die Rezeption der griechischen Rhetorik auf zweckorientierte Weise erfolgte. Während die seit der griechischen Klassik entwickelte Rhetorik stets den Anspruch einer theoretischen *Überzeugung* verfolgte, konzentrierte sich die rhetorische Praxis im Römischen Reich primär auf die *Überredung* der Zuhörerschaft. Als neue bellizistische Weltmacht der Antike waren die wechselvollen Jahrhunderte seiner Geschichte im Wesentlichen durch ständische Strukturen geprägt. Daraus resultierten schier unüberwindliche Gegensätze von Regierenden und Regierten, gepaart mit Arroganz und Machtdurchsetztheit, sodass die Rhetorik ganz bewusst und aktiv im Zentrum politischer Wirksamkeit verankert wurde. Nicht der Wahrheitsgehalt, sondern der Zweck dominierte den politischen Diskurs. Die Rede wurde dem Sachzwang messbarer Ergebnisse im römischen Senat und vor Gericht untergeordnet. Vor diesem Hintergrund rechtfertigte der wirkungspsychologische Effekt nahezu jegliche verbale Überhöhung und sprachliche Verschärfung, wie auch Cicero in seinen Werken zur Rhetorik festhielt.[45] Die aristotelischen Mahnungen zur Wahrhaftigkeit, die nicht nur in bedeutsamen Anlassfällen zur Anwendung gelangen sollten, waren damit in den Hintergrund getreten. Mit Blick auf Aristoteles und Demosthenes gab Cicero diese fatale Tendenz in einem aus römischer Sicht pointierten Dialog wieder: *„Die Philosophen blickten mit Verachtung auf die Beredsamkeit herab und die Redner auf die Philosophie.“*[46] Die Indezenz des römischen Selbstbewusstseins ließ zudem die Restbestände an edler

---

[45] Vgl. Cicero (2007), I, 30; vgl. Ders. (2002), 118f.

[46] Cicero (2007), III, 72.

Staatsgesinnung dahinschmelzen und zelebrierte die Rhetorik, als wäre sie bloß eine effiziente Methode der Selbstbefreiung von der Verpflichtung zu Wahrheit.

In den politisch höchst relevanten rhetorischen Werken Ciceros und auch Quintilians wird zwar die verbale Lüge an sich kritisiert, aber grundsätzlich klar gemacht, dass das Ziel der Rede und somit der rhetorische Effekt über den Wahrheitsgehalt zu stellen sei. Das übergeordnete Ziel der Rede sei nicht die Wahrheit, sondern der beim Publikum erweckte Eindruck von Wahrheit. Die zu diesem Zweck vielfach benötigten verbalen Überhöhungen stellten in der rhetorischen Praxis Roms, etwa bei politischen Reden auf dem Forum, im Senat oder bei Gericht, keine sprachlichen Entgleisungen und damit Ausnahmen, sondern die Regel dar. Und obgleich Aristoteles in seinen rhetorischen Grundlegungen die *Angemessenheit der Wortwahl*[47] vielfach einforderte, und Cicero selbst auf die herausragende Bedeutung der aristotelischen *Rhetorik* verwies, führte dies weder in seinen theoretischen Schriften noch in seinen Gerichts- und Senatsreden zu einer Abkehr von der Unterordnung der Rhetorik unter den Primat der Zweckorientierung.

Trotz genauer Kenntnis des griechischen Profils für einen Rhetor skizzierte Cicero seinen vollkommenen Redner dennoch wie folgt: „... *er wird sich die Freiheit nehmen, eine kräftigere Sprache zu führen ... wird bisweilen Schmähungen ausstoßen ... teils Gebete, teils Verwünschungen vorbringen ... oft wird er etwas über alles mögliche Maß hinaus übertreiben ...*“.[48] Dieses leichtfertige Zugeständnis Ciceros an die soziopolitische Realität des römischen Alltags war keine blo-

---

47 Vgl. Aristoteles (2002), 1388b u. 1408a.

48 Cicero (2002), 138f.

ße Erweiterung des griechischen Redner-Ideals, sondern eine Abkehr von diesem. Es war kein bloßes Hinzufügen von handlungs- und zweckorientierten Elementen, sondern Ciceros ausdrückliche Erlaubnis zu Verbalradikalismus, Hassreden und Lügen, um als Rhetor politisch und gesellschaftlich erfolgreich zu sein. Cicero hielt sich in der Praxis an diese seine Leitlinien, wie seine fulminanten, unerbittlich-scharfen Gerichtsreden bewiesen, die sogar schwere politische Gegner wie den Putschisten *Lucius Catilina* in die Knie zwangen. Selbst den verbrecherischen Statthalter Siziliens *Gaius Verres* schlug Ciceros erbarmungslose Rhetorik bereits weit vor Prozessende in die Flucht, sodass Cicero seine vorbereitete zweite Rede gegen diesen gar nicht mehr zu halten brauchte.[49] Auch eine weitere – möglicherweise berechtigte – von gröbsten Diffamierungen, Schmähungen und Verleumdungen strotzende Senatsrede Ciceros ist in diesem Kontext erwähnenswert: er hielt diese im Jahre 55 v.Chr. gegen *Lucius Calpurnius Piso*, keinen Geringeren, als den Schwiegervater Julius Caesars. Diese rechtliche und politische Gesamtleistung Ciceros macht nicht nur dessen erhebliche persönliche Zivilcourage sichtbar, sondern zeigt auch, welcher immense Stellenwert der Rhetorik zukam, als noch keinerlei Methoden der Vervielfältigung und Verbreitung, wie Buchdruck oder Massenmedien zu Verfügung standen und der Alphabetismus einer kleinen gesellschaftlichen Elite vorbehalten war.

Die klare Unterordnung der Rhetorik unter den zu erreichenden Zweck führte schließlich auch dazu, dass die Saat von Verbalradikalismus, Lügen und Hassreden, in Verbindung mit politischer Macht so-

---

49 Vgl. Cicero (2011a) u. (2011b).

wie ökonomischer Potenz des Römischen Reiches und den zahlreichen in diesem wirkenden diktatorischen Führungspersönlichkeiten, aufging. Ob einer solchen Zusammensetzung, mit deutlichen Bruchlinien aufgrund von politischen und wirtschaftlichen Partikularinteressen, blieb die römische Gesellschaft fortwährend von Spannungen gekennzeichnet. Das Zusammenwirken von Lügen, Hasssprache, Machtpolitik und Expansionsdrang führte unablässig und mit Notwendigkeit zu kleineren und größeren gewaltvollen, innerstaatlichen und nach außen gerichteten, zum Teil langjährigen kriegerischen Auseinandersetzungen.

Doch nicht nur die Rhetoren logen, die Lüge durchzog auch die autoritären politischen Führungsschichten Roms. Es spricht wenig gegen die Vermutung, dass sich Betrug, Täuschung und Hassrede durch sämtliche Jahrhunderte des Römischen Imperiums zogen. Stellvertretend für das damalige kulturelle Klima der Wahrheitsferne sei an drei der bekanntesten autoritären bzw. totalitären Herrscher Roms erinnert: Iulius Caesar etwa täuschte seine Zeitgenossen und seine Leser, letztere auch noch Jahrhunderte nach seinem Tod, systematisch in seinen bekannten Rechenschaftsberichten über die Kriege, den *Commentarii de Bello Gallico*, indem er diese nicht als objektive Kommentare, sondern mehrheitlich geschönt und zwecks Selbstdarstellung überhöht verfasste. Denn am Beginn seiner jahrelangen, brutalen, geradezu gnadenlosen Feldzüge im jenseits des Rheines gelegenen Gallien stand, wie bei nahezu allen Angriffskriegen der Geschichte, eine Lüge. Im Falle Caesars jene der angeblichen Verschwörung der *Belger* gegen

Rom.[50] Auch Kaiser Nero log, um von den Gerüchten abzulenken, er hätte die Brandstiftung von zwei kurz aufeinanderfolgenden schweren Bränden Roms in Auftrag gegeben. Er log und unterstellte der kleinen Sekte der Christen die Brandstiftung, wodurch etwa ein Zehntel der damaligen christlichen Gemeinde in Rom verfolgt und ermordet wurde. Tacitus zufolge sei Nero während des Brandes Roms, etwa eine Tagesreise entfernt, in seinem am Tyrrhenischen Meer gelegenen Palast in *Antium* gewesen. Dort habe er auf seiner Hausbühne den Brand und die Zerstörung Trojas besungen und direkte Parallelen zu Rom hergestellt.[51] Und auch Kaiser Augustus log, indem er die Republik formal wieder in die Hände des Senates und des Volkes zurücklegte, jedoch als sogenannter *Primus inter Pares* weiterhin sämtliche der wichtigsten Vollmachten – teils nur unter neuen Titeln – behielt und damit politisch und militärisch weiter herrschte. *„Nach dem Wandel der Staatsform*“, vermerkte Tacitus, *„fand sich nirgendwo mehr eine Spur an rechtschaffener Staatsgesinnung.*“[52]

Zu Beginn des lang ausgedehnten Endes des Römischen Reiches verfasste Augustinus um das Jahr 395 mehrere Schriften zum Thema der Lüge.[53] Das Besondere und historisch Neue an seinen detaillierten Analysen war, dass er sich von der Ebene des Wahrheitsgehaltes einer Aussage abwendete und stattdessen auf die Intention und damit auf die Täuschungsabsicht fokussierte. Durch die Verwerflichkeit der Täuschungsabsicht führte er die moralische Komponente in den Diskurs ein. Mit seinem metaphorischen

---

50 Vgl. Caesar (2013), II, 1ff.

51 Vgl. Tacitus (1954), XV, 39

52 Ebda., I, 4.

53 Vgl. Augustinus (2013).

„*cor duplex*“[54], dem doppelten Herz, beschrieb und vollzog Augustinus eine Hinwendung zur geistigen Integrität und Unversehrtheit des Menschen, um zu verhindern, dass *ein lügender Mund die Seele töte*. Denn jemand der irrt und daher Unwahres sagt, könne kein Lügner sein, da er kein *cor duplex* habe und somit weder Absicht noch Willen, andere zu täuschen. Dieser Ansatz bot eine neue, zusätzliche Ebene zu den bekannten Thesen Aristoteles' und markierte gleichzeitig eine Abkehr von Platon.

Augustinus diskutierte in seinen Schriften ein System von insgesamt acht Stufen der Lüge: Auf der obersten Stufe finden sich die *schwersten Lügen*, jene *im Kontext der religiösen Unterweisung*. Diese sind ausnahmslos und strikt verboten, ebenso wie jene der zweiten Stufe, die *nur jemandem schaden aber niemandem nützen*. Auf der dritten Stufe finden sich jene Unwahrheiten, die *sowohl jemandem schaden als auch jemandem nützen*, auch diese sind ausdrücklich verboten. Auf den Stufen vier und fünf findet sich die nächste Kategorie des Schweregrades von Lügen: solche *aus reiner Täuschungslust* sowie jene aus *Gefallsucht* und *Schönrednerei*. Die abschätzige Bezeichnung *Schönrednerei* zeigt, dass Augustinus zu einer engen Auslegung von Rhetorik tendierte. Auf den Stufen sechs, sieben und acht finden sich schließlich weitere Varianten. Auch diese sind prinzipiell verboten, sie bilden jedoch die Kategorie der vergleichsweise leichtesten Lügen: Solche, *die niemandem schaden jedoch gleichzeitig jemandem nützen*; beispielsweise, wenn jemand durch eine Unwahrheit zu einer guten Tat veranlasst wird. Zu weiteren Ausnahmen zählen jene, die dazu in der Lage sind, jemanden vor großem

---

54 Augustinus (2013), Bd. 50, I, 3, 20.

persönlichen Schaden zu bewahren. Diese stellen Augustinus zufolge keine Sünden dar, in derartigen Fällen könne es sogar sündhaft sein, nicht zu lügen.

Dass selbst die zu Beginn des vierten Jahrhunderts angeblich erfolgte *Donatio Constantini*, die sogenannte *Konstantinische Schenkung* des Weströmischen Reiches an Papst Silvester I., ebenfalls eine lügenhafte, plumpe Fälschung aus dem achten oder neunten Jahrhundert sein würde, wie Nikolaus v. Kues und Lorenzo Valla etwa 600 Jahre später nachweisen konnten, mochte sich Augustinus zu Lebzeiten vermutlich nicht einmal in seinen kühnsten Träumen vorzustellen. Aus einem, im Vergleich zu den Zeiten der Bürgerkriege, stabilen und friedlichen jedoch korrupten und autoritären Rom des Prinzipats blickte der Kulturpessimist und Rhetoriker Tacitus auf ein idealisiertes goldenes Zeitalter der griechischen Klassik zurück. Dieses sei, so der romantisierende Rückblick, *reich an Dichtern und Sängern gewesen, um edle Taten zu besingen, jedoch arm an Verbrechern und Rednern, um Schandtaten zu verteidigen.*[55] Tacitus, als maßgeblicher Kritiker des Prinzipats, stand mit seinem Urteil hinsichtlich des Niedergangs der Rhetorik zu lügen- und hassdurchsetzter Sprachpraxis nicht alleine. Auch der spanischstämmige Rhetorik-Kompilator Quintilianus verfasste eine zwar verlorengegangene, jedoch von ihm selbst und anderen vielfach zitierte Abhandlung zum Verfall der Rhetorik im Imperium Romanum, mit dem sprechenden Titel, *Über die Gründe der korrupten Beredsamkeit.*[56]

---

55 Vgl. Tacitus (1998), 12, 3.

56 Vgl. Quintilianus (2011), VI, pr. 3 u. VIII, 3, 76.

Wie ein „*Zögling der Schrankenlosigkeit*"[57] verwandelte sich die römische Rhetorik mit zunehmender politischer und wirtschaftlicher Macht des Imperiums in ein Konglomerat aus zweckorientierter, gewinngetriebener, lügen- und hassdurchtränkter „*blutdürstiger Beredsamkeit*"[58]. Die Sprachwege von der Lüge und Hassrede hin zur kriegerischen Gewalt, waren in den Jahrtausenden der Antike kurz und schienen mit Demokrits Diktum „*Das Wort ist der Schatten der Tat*"[59] in einer geradezu organisch engen Verbindung zu stehen.

---

57 Tacitus (1998), 40, 2.

58 Ebda., 12, 2.

59 Demokrit, DK (1996), 68, Frg. 145.

Kapitel II

Diskursive Parallelen gerechter Kriege: Rom, die Kreuzzüge und der Kolonialismus

„Süß scheint der Krieg den Unerfahrenen“[1]

Erasmus von Rotterdam

Gewaltvolle Auseinandersetzungen sind so alt wie die Menschheitsgeschichte, doch erst ab dem ersten Jahrtausend v.Chr. wurden die kontinuierlich *„erweiterten Zweikämpfe“*[2] allmählich *Kriege* genannt. Davor begnügten sich die Menschen mit verschiedenen Bezeichnungen im Bedeutungsraum von Kampf, Schlacht und Feldzug, Belagerung und Vernichtung. Die altgriechische Bezeichnung *pólemos* und das lateinische *bellum* sind vergleichsweise jüngere Wortschöpfungen einer im Laufe von Jahrtausenden allmählich „modern“ gewordenen Antike.[3] Einer prachtvollen und gleichzeitig erschreckend grausamen Antike, die mit ungeheurer Energie auf ihren geistig-kulturellen Höhepunkt zusteuerte, der jedoch gleichzeitig ihr Ende anstimmte. *Pólemos* und *bellum* waren etwa ab der Mitte des ersten vorchristlichen Jahrtausends zur politischen Realität und bitteren gesellschaftlichen Befindlichkeit geworden. Kriege waren das Ergebnis eines systematischen Anwachsens von Kampfhandlungen und Gefechten zu einem Dauerzustand von Bedrohtheit, Gewalt und Angst. Viel zu kurz, so darf vermutet werden, erschienen die Perioden ruhender Waffen während der teils ausgedehnten Epochen und langjährigen Dynastien der Antike. Großräumige Friedenszeiten stellten Besonderheiten dar, sodass

---

1 Erasmus v. Rotterdam (1987), *Adagium Nr. 3001: Dulce bellum inexpertis.*

2 Clausewitz (2002), S. 28.

3 Vgl. Assmann (1984), S. 176f.

solche als seltene Ausnahmen vielfach Eingang in die Geschichtsschreibung fanden.

Kämpfe und Gefechte hatten zu allen Zeiten konkrete Ausrichtungen, sie waren und sind stets gegen den oder die Anderen gerichtet, da vielfach Fremde und Feinde synonymisiert und zum Angriffsziel erklärt wurden. Oftmals richteten sich die Aggressionen gegen nicht näher definierte *Barbaren*, deren Andersartigkeit, Feindselig- und Gefährlichkeit von vornherein sprachlich feststanden. Nichtgriechen und Nichtrömer, die aufgrund mangelhafter Fremdsprachenkenntnis, ihrer andersartigen Kultur und Religion, vielfach als unzivilisierte Feinde und Wilde diskreditiert wurden, stärkten die Identität und das Zusammengehörigkeitsgefühl jener, die sich im Inneren der sogenannten Zivilisation wähnten.

Bellum iustum: ein Deckname für Angriffskriege

Während das griechische Weltreich der Antike als vielgestaltiges Gebilde nicht vollständig zur nachhaltigen Realität eines Staatswesens ausgestaltet worden war und daher in einigen Teilbereichen Idee bleiben musste, stellte die römische Weltmacht bereits ein aus zahlreichen Kulturen geformtes Imperium dar: *„Rom war, was Griechenland nicht war, ein Staat.“*[4] Immer häufiger stellten sich im Zentrum der antiken Macht daher auch jene Fragen, die über einen die bloße Macht erhaltenden Zweck oder das expansive Ziel von Kriegen hinauswiesen. Die prinzipielle Entschließung, zahllose Feldzüge und sogenannte *gerechte*

---

[4] Mommsen (1903), Bd. I, S. 941.

Kriege, die oftmals nicht mehr als ein Deckname für Expansionsbestrebungen und Angriffskriege waren, zu führen, stand wie Unumgängliches fest. Demgemäß wurden sowohl die je eigene Legitimation der Kriegsführung (*ius ad bellum*) als auch das Verhalten im Kriegszustand (*ius in bello*) thematisiert.

Die Ansätze für Ciceros und Augustinus' Gedanken und Ausführungen zum Thema des *bellum iustum* finden sich neben ersten platonischen Ideen hauptsächlich bei Aristoteles und späteren stoischen Abhandlungen. Die aristotelische Kontextualisierung von Kriegsgründen erfolgt in dessen *Politik*, wobei die Legitimation von Kriegen darin nicht explizit diskutiert, sondern in einen gleichsam organischen Lebenszusammenhang gestellt wird.[5] Die jeweiligen Lebensformen hätten, so Aristoteles, gewisse Bedürfnisse zur Folge, woraus individuelle Lebensentwürfe folgten. Dabei reicht die Bandbreite der Lebensgestaltungen von Ackerbauern und Fischern über Händler und Nomaden bis hin zu Jägern und Räubern. Kriegerische Handlungen werden von diesem begrifflich in die Nähe der Jagd gerückt und die Kriegskunde mit der allgemeinen Erwerbskunde kontextualisiert. Die Begründung der Kriegsführung selbst erfolgt erst im Zusammenhang mit Ansätzen zu gesellschaftspolitischen Organisationsformen. Aristoteles begründet und beschreibt diese als zuverlässige Methode der Aufrechterhaltung der bestehenden Gesellschaftsordnung, die im Wesentlichen aus Regierenden, Freien und Sklaven bestand.[6] Andererseits diene die Kriegsführung dazu, den Zustand von Frieden herbeizuführen bzw. zu gewährleisten, ähnlich wie Arbeit die Me-

---

5 Vgl. Aristoteles (1996), 1256aff. u. 1330aff.

6 Vgl. Aristoteles (1996), 1256b.

thode zur Erlangung von Muße sei.[7] Weitere Analysen zu Voraussetzungen eines sogenannten *gerechten Krieges* finden sich bei Aristoteles nicht. Ähnlich, wenngleich weniger explizit, argumentiert Platon und beschreibt in seinen Dialogen verschiedene staatsbürgerliche Tätigkeiten, die dem menschlichen Schutz dienen. Dabei unterscheidet er Vorgehensweisen, die wie Heilmittel und Einhegungen den menschlichen Schutz nach innen gewährleisten, von Methoden der Abwehr, die dem Schutz nach außen dienen und zu denen er die Kriegsführung und die Kriegskunst zählt.[8] Gleichfalls aus der Lebensrealität der griechischen Antike gewonnen ist die Einsicht Platons, dass jene, die friedliche Lebensformen wählten, langfristig sogar Gefahr liefen, vom erstbesten kriegerisch gesinnten Angreifer unterworfen und von Freien zu Sklaven gemacht zu werden.[9]

Erst Jahrhunderte später erfolgen durch Cicero und Augustinus differenzierte Ausarbeitungen zum Themenbereich des *gerechten Krieges*. In seiner Abhandlung *Vom pflichtgemäßen Handeln*, *De officiis*, lehnt sich Cicero weitgehend an die verlorengegangene gleichnamige Schrift des Stoikers Panaitios an. Dabei gesteht er ein, Panaitios in weiten Teilen gefolgt zu sein, ohne jedoch sein eigenes Buch zu einer reinen Übersetzung der stoischen Schrift gemacht zu haben.[10] Er analysiert darin Fragen rund um die Berechtigung zu kriegerischen Handlungen (*ius ad bellum*), den Themenbereich des sittlichen Verhaltens während des Krieges (*ius in bello*) und auch jenes nach einem siegreich verlaufenen Krieg. Angriffskrie-

---

7 Vgl. ebda., 1333a.

8 Vgl. Platon (1993), *Politikos*, 279c u. 303e.

9 Vgl. ebda., 307e.

10 Vgl. Cicero (2008), II, 60.

ge dürften Cicero zufolge nur geführt werden, wenn diesen „gerechte“, d.h. rechtmäßige Gründe zugrunde lägen. Doch in diesem Dürfen, in dieser Möglichkeit zum Angriffskrieg lag stets auch das Gebot eingebettet, dass in bestimmten Konstellationen die Notwendigkeit eines solchen gegeben sein könnte. Zu diesen Gründen zählten einerseits das Beheben erlittener sachlicher und materieller Schädigungen, andererseits die Wiedergutmachung ideeller Schäden. Darüber hinaus galten auch die Verteidigung des Römischen Reiches, die seiner Verbündeten sowie Notwehr als Begründungen für sogenannte gerechte Kriege. Im formalrechtlichen Sinn musste das römische Recht gebrochen worden sein, um eine, mit Gewaltanwendung beliebiger Vehemenz verbundene, Wiederherstellung des Zustandes vor dem Rechtsbruch zu legitimieren. Angriffskriege, die aus solchen Gründen begonnen wurden, hatten, um das Kriterium des *bellum iustum* zu erfüllen, auch dem Gegner jeweils im Vorhinein angekündigt zu werden. Dessen ungeachtet zählten für Cicero die Friedenserlangung und -sicherung zu den höchsten der zu erlangenden Kriegsziele. Auch die Behandlung gefangen genommener Feinde, die sich während der Kampfhandlungen nicht durch Grausamkeit oder Unmenschlichkeit hervorgetan hätten, sollte nach einem Krieg möglichst human und schonend erfolgen.[11]

Der Aufstieg Roms zur neuen Weltmacht der Antike kann auch am sprachlichen Bedeutungswandel einzelner Bezeichnungen nachgewiesen werden. Wie Cicero und dessen Zeitgenosse, der römische Universalgelehrte und frühe „Sprachwissenschaftler“ Marcus Terentius Varro zeigten, war *hostis*, *Feind*, ursprüng-

---

11 Vgl. Cicero (2008), I, 35ff.

lich eine Bezeichnung für Personen außerhalb des römischen Rechtsbereiches, für *Fremde*. Varro und Cicero deuteten damit an, dass *hostis* (*Fremder*, später *Feind*) und *hospes* (*Gast*) eine gemeinsame sprachliche Herkunft hatten, die das Fremde bezeichnete. Denn *perduellis* lautete, wie Varro vermerkte, die ältere lateinische Bezeichnung für *Feind*. Im Laufe der wechselvollen Jahrhunderte römischer Frühgeschichte verlor die Bezeichnung *hostis* jedoch immer mehr die Bedeutung des Fremden, wurde umcodiert und zu Gegner, Feind bzw. Kriegsfeind transformiert.[12]

Wird der philosophische Grundsatz *nihil est sine ratione*, *nichts ist ohne Grund*, auch auf den Bedeutungswandel von Wörtern im Laufe der Sprachgeschichte angewendet, ist im konkreten Fall des semantischen Wandels vom Fremden zum Feind die historische Entwicklung des Römischen Reiches maßgeblich: Von den ländlichen Strukturen der frühen Königszeit über die Jahrhunderte der Republik und dem erheblichen Einfluss der griechischen Geisteswelt auf diese, bis hin zur Transformation in eines der größten historischen Weltreiche. Der Bedeutungswandel vom Fremden zum Feind entspricht diesem epochalen Aufstieg und einem darin eingenommenen gesellschaftlichen Perspektivwechsel, jenem des Blicks vom Zentrum hin zur Peripherie. Jenseits dieser Peripherie waren die *Anderen* zu finden, jene, die nicht dem römischen Recht unterworfen waren, sondern *„ihre eigenen Gesetze benutzten“*[13], wie Varro dies nannte. Die Peripherie war jener weit gefasste Bereich, innerhalb dessen sich auch der *limes* des Reiches befand. Die Grenze teilte die Peripherie entlang

---

12 Vgl. ebda., I, 37; vgl. Varro (1910), V, 2f.

13 Varro (1910), V, 3.

ihres Verlaufes in ein in Teilen unbekanntes, potenziell feindliches, von Fremden besiedeltes Außen und in ein nach römischem Recht funktionierendes, bekanntes, gewohntes und damit vertrautes Innen. Der Wertewandel im Zuge der raschen Expansion des Römischen Reiches brachte die Bedeutungsverschiebung des Wortes *hostis* mit sich. Allmählich wurde der Fremde diskurssemantisch zum Feind umgewertet und in den Sprachgebrauch der lateinischen Alltagssprache integriert. Indem das Element des Fremden aus *hostis* verschwand und nur mehr ein diffuser, primär territorialisierter Bedeutungsbereich des Feindes bestehen blieb, entsprach dies der Weltwahrnehmung innerhalb eines mächtiger werdenden, expandierenden Römischen Reiches.

An derartigen Wurzeln des sprachlichen Wandels wird auch die schleichende Entwicklung der Vergiftung von Sprache, über den Verbalradikalismus hin zur Hasssprache, sichtbar. Indem der Fremde eine andere, vielfach unverständliche Sprache sprach und sich lateinisch in aller Regel nur mangelhaft artikulieren konnte, wurde mit dem expliziten Hinweis auf dessen defizientes Sprachvermögen auch mangelndes Denkvermögen insinuiert. Zusätzlich dazu wurden die aus der Sprachkompetenz stammenden Vorurteile auch in der bildlichen Darstellung bestätigt, indem das je Eigene mit Schönheit und Anmut gleichgesetzt, das Fremde hingegen als Abweichung davon veranschaulicht wurde. Obwohl während der Antike reger Handel mit benachbarten Ethnien – samt Kriegsführung gegen diese – an der Tagesordnung standen, blieb die inhaltliche, kulturoffene und tolerante Auseinandersetzung mit *den Anderen* die Ausnahme. Fremde lebten demgemäß nach anderen kulturellen und religiösen Grundsätzen und legten sichtbar anderes Aussehen und Verhalten an den Tag. *Profan sei für den Fremden, was für uns heilig ist, heilig hingegen was für uns profan*, so das Pauschalurteil des nachchristlichen Historikers und römischen Senators Tacitus in seinem vor Antisemitismus und Verbalradikalismus triefenden fünften Buch der Historien über die fremdartigen jüdischen Sitten und Rituale.[14]

Gerechte und heilige Kriege: zur sprachlichen Konstruktion von Feindbildern

Die gesamtgesellschaftliche Stimmung, deren wechselnde Strömungen und Polarisierungen sowie die von Zeit zu Zeit aufbrechenden Bruchlinien in antiken und auch in gegenwärtigen Staaten wurden und werden stets auch sprachlich abgebildet. Diese verbale Konkretisierung stellt eine Momentaufnahme dar, ein Abbild des Zustands einer Gesellschaft in ihrer jeweiligen zivilisatorischen Entwicklungsstufe. Der herrschende Diskurs beeinflusst seinerseits wiederum die gesellschaftliche, kulturelle und somit politische Entwicklung. Der im römischen Kontext erwähnte sprachliche Bedeutungswandel von *hostis*, vom Fremden zum Feind, ist nur eines von vielen Beispielen für die sprachliche Abbildung gesellschaftspolitischer Entwicklungen. Feindbilder lagen weder in der Antike noch heute plötzlich vor, sondern wurden zumeist verbal konstruiert. Ungleiche Machtverteilung sowie rechtliche und soziale Ungleichbehandlung führten häufig zur Beeinflussung der öffentlichen Meinung. Konstrukte von Feindbildern waren mit Stereotypen, historischen Klischees und Lügen vermengt, der Ge-

14 Vgl. Tacitus (2010), V, 2ff.

walt des Verdachtes ausgesetzt und konnten sich nicht zuletzt auch dadurch in einer Gesellschaft festigen.

Aus der Innenperspektive des mächtigen, Jahrhunderte hindurch expandierenden Römischen Imperiums blieb der Fremde an der Peripherie nur so lange der neutrale Fremde, bis eine territoriale Expansion diesen zur Reaktion zwang. Dieses Reagieren der Anderen, Fremden konnte ein Weichen vor der römischen Übermacht gewesen sein, ein Unterwerfen unter das autoritäre römische Recht oder aber der offene Widerstand, vom einzelnen Scharmützel bis hin zu jahrelangen bewaffneten Kampfhandlungen wie etwa den Gallischen Kriegen. Da die Frage nach dem Vorliegen eines *gerechten Krieges* in der Praxis zunächst und zuvörderst von der Position des Betroffenen abhängt, kann und muss der Widerstand gegen die römische Expansion aus Sicht der sogenannten Barbaren gleichfalls als *bellum iustum*, als gerechter und gerechtfertigter Verteidigungskrieg bewertet werden. In diesem Kontext ist erwähnenswert, dass die nahe am *Oxymoron* gelegene Wortverknüpfung des *gerechten Krieges* zu einem kompakten Begriff problematisch und hinterfragenswert ist. Denn bereits der Bedeutungsumfang von *gerecht* ist überaus weit gespannt, von rechtmäßig über zulässig und angemessen bis hin zu richtig, gerechtfertigt und statthaft.

Das Ende des Weströmischen Reiches rückte bereits näher, als Augustinus im zweiundzwanzigsten Buch seiner Abhandlung *Contra Faustum*[15] unter anderem das gedankliche Konstrukt des *bellum iustum*, dessen Voraussetzungen und Konsequenzen neu analysierte. Nur drei Jahre nach der Plünderung Roms durch die Westgoten unter Alarich I., im Jahre 410,

---

15 Vgl. Augustinus (1891), XXII, 74ff.

begann Augustinus mit der Arbeit an seinem Werk *Vom Gottesstaat*, *De civitate Dei*. In diesen Büchern finden sich nicht nur seine epochalen Thesen zum *gerechten Krieg*, er deutet darin sogar mit politisch-sarkastischem Unterton an, dass die sogenannten *gerechten Kriege* in der Geschichte des Imperium Romanum stets eine der zentralen Voraussetzungen für dessen territoriales Wachstum gewesen seien.[16]

In Kenntnis der Ausführungen Ciceros zum Thema *bellum iustum* vermeidet es Augustinus, den im Begriffspaar *gerechter Krieg* eingebetteten Widerspruch thematisieren zu müssen. Mit seinem Ansatz unternimmt er eine subtile Bedeutungsverschiebung, mit der er von einer *phänomenologischen Ebene des Gerechten* auf die theologisch fundierte Ebene einer *ethischen Rechtfertigung* wechselt. Augustinus zufolge sei das höchste Kriegsziel jenes, das dem Erhalt oder dem Schaffen von Frieden diene. Dieser Ebenenwechsel führt dazu, dass nicht mehr das *bellum iustum* aus der Perspektive eines *kommenden*, potenziell kriegerischen Ereignisses im Zentrum der Analyse steht, sondern der Fokus stets auf die Frage nach der moralischen Legitimation gerichtet bleibt. Die Perspektive der Vorausschau auf ein potenzielles *bellum iustum* wechselt bei Augustinus demgemäß auch zu einem retrospektiven Blick. Dieser Perspektivwechsel dient dazu, die Unumgänglichkeit einer gewaltvollen kriegerischen Intervention im Nachhinein mit allen jenen potenziellen Konsequenzen zu begründen, die sich im Falle eines Nichthandelns hätten ergeben können. Darüber hinaus folgt Augustinus dem Standpunkt Ciceros und erweitert diesen hinsichtlich der Wiederherstellung des sogenannten *ursprünglichen*

---

16 Vgl. Augustinus (1993), IV, 15.

Zustandes, der Konstellation *vor* einer angenommenen Rechtsverletzung bzw. einem unterstellten Rechtsbruch.

Mit der Wiederherstellung des ursprünglichen Zustandes, des *Status quo ante*, ist für Augustinus auch die von Gott geschaffene Ordnung stets mitgedacht und mitgemeint. Denn erst die Wiederherstellung einer übergeordneten göttlichen Ordnung vermag die Eigenschaften eines *gerechten Krieges* noch zu übertreffen und damit einen *heiligen Krieg* denk- und vorstellbar zu machen. Die Eigenschaft der Heiligkeit stellt im Unterschied zum *gerechten Krieg* keine primäre Eigenschaft des Kriegszieles dar, wie dies beim *bellum iustum* der Fall ist, sondern hat zunächst deklarativen Charakter. Damit kommt das Ausdrücklichmachen eines *heiligen Krieges* einer Absichtserklärung gleich, im Namen und im Geiste eines als heilig Definierten kriegerische Aktivitäten zu entfalten. In einem weiteren gedanklichen Schritt entspricht die Eigenschaft der Heiligkeit sodann einem insinuierten oder auch tatsächlichen Heiligsprechen des Krieges. Damit wird festgelegt, dass ein mit dem Adjektiv *heilig* versehener *Krieg* stets den Imperativ enthält, geführt werden zu müssen. Der *heilige Krieg* folgt der unüberbietbaren Vorgabe, die göttliche Ordnung wiederherzustellen und erhebt sich damit über jeden beliebigen anderen, auch den *gerechten Krieg*. Auch die Jahrhunderte der *Reconquista*, jener langwierigen, von teils jahrzehntelangen Stillständen durchsetzten christlichen Rückeroberung der Iberischen Halbinsel, zwischen dem 8. und dem 15. Jahrhundert, wurden im augustinischen Sinne als gottgewollte Restauration der ursprünglichen religiösen und soziopolitischen Ordnung interpretiert. Während der Epoche der Orient-Kreuzzüge wurde die Reconquista sogar unter den Begriff des *heiligen Krieges* und des allgemeinen Kreuzzuggedankens subsumiert, wie die päpstlichen Aufrufe jener Zeit sowie die zahlreichen Gründungen von Ritterorden zeigen.

Im 22. seiner insgesamt 33 Bücher *Contra Faustum*, gegen Faustus von Mileve, den Bischof und geistigen Führer des nordafrikanischen Manichäismus, legte Augustinus entscheidende theologisch-philosophische Positionsbestimmungen des *gerechten Krieges* dar. Auf diese Abhandlung bezieht sich im 13. Jahrhundert nicht nur Thomas von Aquin in seiner *Summa Theologiae* mehrfach. Die epochale Wirkungsgeschichte der augustinischen Gedanken strahlt sogar weit über die Theologie hinaus und beeinflusst sowohl die Reformation als auch die Aufklärung. Sie hinterlässt sogar in der *Allgemeinen Erklärung der Menschenrechte* ihre geistigen Spuren. Augustinus führt seine diesbezüglichen Argumentationsstränge entlang einer gedachten göttlichen Vorhabe und Vorsicht und stellt fest, dass nur der Kampf auf göttlichen Befehl hin dazu in der Lage sei, den Menschen davon zu entbinden, Unrecht zu begehen. Auch an dieser Stelle wird sichtbar, wie Augustinus um die Unterscheidung von gerechtem und heiligem Krieg ringt. Seiner Ansicht nach sei ein Krieg gerecht, sofern er das von anderen Staaten oder Ethnien begangene Unrecht einer angemessenen Vergeltung zuführe, den Frieden wieder herstelle und dem Guten diene. Jeder Kampf bliebe sündhaft, sobald menschliches Interesse oder eine spontane menschliche Entscheidung mit im Spiel sei. Erst wenn der Mensch sich dem *ausschließlichen Befolgen* des für ihn bisweilen nicht nachvollziehbaren göttlichen Ratschlusses, der per definitionem immer das Gute aus einer gesamthaften Perspektive für die Welt miteinschließt, überantworte, könne die Begründung für einen Krieg letztgültig angenommen werden. Augustinus' Bezug auf das alttestamentliche Buch *Exodus* macht an dieser Stelle deutlich, dass erst das uneingeschränkte Befolgen des Befehls Gottes dazu führt, die menschliche, infolge weltlicher Partikularinteressen begrenzte Begründung eines Krieges, in die Sphäre des göttlichen Willens emporzuheben.[17]

Die trotz ihrer theologischen Stringenz in Teilen zirkuläre Argumentation Augustinus' basiert auf der subjektzentrierten Glaubensannahme eines sich entbergenden, zeigenden göttlichen Willens und Befehls. Dieser ist stets in Verbindung mit der aus christlicher Sicht unverrückbaren Prämisse eines guten Gottes gedacht, der seiner Schöpfung zwar fallweise wie ein strafender Vater, zumeist jedoch wohlwollend begegnet. Augustinus' Argumentation entspricht damit jener Kausalkette, die Jahrhunderte später den Kreuzzügen sowohl zur Selbstlegitimation als auch als Agens zugrunde gelegt wurde: „*Es hängt nämlich davon ab, aus welchen Gründen und für welche Urheber Menschen zu führende* [d.h. befohlene, angeordnete] *Kriege auf sich nehmen* ...“[18] Indem es sich um einen von Gott angeordneten Krieg handelt, sind sämtliche diesbezügliche Zweifel von vornherein beseitigt. Auch die im Falle des *bellum iustum* verbleibenden Restzweifel hinsichtlich der Legitimation und Kontrolle der Kriegsführung, die sich aus menschlichen Emotionen wie dem Bedürfnis nach Vergeltung, Rache und Gegengewalt herleiten, sind mit dem heiligen, von Gott befohlenen Krieg *a priori* beantwortet.[19]

---

17 Vgl. Augustinus (1891), XXII, 72f.

18 Ebda., XXII, 75.

19 Vgl. ebda.: XXII, 74; vgl. Ders. (1993), XIX, 7.

Augustinus' Argumentation führt jedoch noch weiter, zur Legitimation *ex post*: Kriegen, die beispielsweise von gottlosen Herrschern angeordnet werden, fehle nach seiner eigenen Definition ein wesentlicher Teil der Legitimation durch einen im christlichen Sinne sittlich orientierten Befehlshaber. Wenn jedoch der Kriegsbefehl zufällig mit dem Plan und der Vorhabe Gottes übereinstimme, könne sogar eine *unrechtmäßige Anordnung zur Kriegsführung* diesen im Nachhinein zu einem *rechtmäßigen Krieg* transformieren. Denn das Vorhandensein eines gleichlautenden göttlichen Planes könne einen profanen menschlichen Kriegsplan in einen *gerechten* Krieg verwandeln, da Gott *per definitionem* nichts Böses verlange.[20] Mit einer solchen Argumentationsweise wird die epistemische und hermeneutische Schwierigkeit sichtbar, die an den Berührungslinien im Grenzbereich zwischen einer transzendenten und einer lebensweltlich-faktischen Perspektive aufbricht: das Vorhandensein eines göttlichen Planes liegt nicht mit der gleichen unmittelbaren Evidenz vor, wie die Äußerung eines trivialen menschlichen Befehls.[21] Augustinus weiß um die Problematik seiner Argumentation, gemäß welcher das Vorliegen eines göttlichen Plans stets nur auf der Ebene des individuellen Glaubens samt Gewissensbefragung beurteilt werden kann. Selbst wenn ein glaubender Befehlsinhaber mit subjektiv empfundener Sicherheit hinsichtlich des Vorliegens eines göttlichen Plans entscheidet, können daraus nur bedingt Handlungsverpflichtungen für Dritte abgeleitet werden. Die Deklaration eines *gerechten Krieges* kann auf der Ebene von profanen Sachargumenten begründet wer-

---

20 Vgl. Augustinus (1891), XXII, 75.

21 Vgl. ebda., XXII, 75f.

den, jene eines *heiligen Krieges* hingegen verbleibt größtenteils in der Sphäre des subjektiven Glaubens und somit Ermessens eines Entscheidenden.

Indem eine derartige Kriegserklärung nicht aus der Sphäre individuellen Glaubens und subjektiver Gewissensbefragung herauslösbar ist, kann vonseiten eines Befehlsgebers auch keine ethische Begründung der Letztverantwortung abgegeben werden. Die Legitimationsproblematik der Ausrufung eines *heiligen Krieges* bleibt bestehen, da die ethische Letztverantwortung für diesen über das menschliche Urteilsvermögen hinaus delegiert wird. Nicht der irdische Befehlsgeber entscheidet unmittelbar und trägt dadurch die Verantwortung für seine Kriegserklärung, sondern er hat die Entscheidung bereits davor an einen vorgestellten Willen Gottes delegiert. Dieser Wille wurde in jeder Epoche der Menschheitsgeschichte unterschiedlich imaginiert und interpretiert: während der Antike und ihres bunt schillernden Götterhimmels entsprach dieser oftmals der vorgestellten Intention einer Gottheit, in welche menschliche Anliegen projiziert wurden. Irdische Befehlshaber verschoben ihre Entschließungen hinsichtlich der Veranlassung und Legitimation für einen *heiligen Krieg* mittels subjektiver Gewissensbefragung zur transzendenten Entscheidungsinstanz empor. Damit machten sie sich selbst zu solchen Mittelspersonen, die nicht unmittelbar entschieden, sondern die getroffene göttliche Entscheidung vollinhaltlich mittrugen. Befehlshaber schlüpften damit in die Rolle eines Boten, der nicht seinen eigenen Text, sondern, wie seit Hermes, die Botschaften anderer, seien diese von Göttern oder Menschen, überbrachte und übergab. Die Entscheidung, einen *heiligen Krieg* zu beginnen, wird von Befehlshabern somit nicht getroffen, sondern, wie aus einem imaginierten Botenbericht stammend, übermittelt. Zwischen der mittelbaren Entscheidung, die diese überbringen und deren eigenen unmittelbaren Befehlen zum Krieg spannt sich ein gewaltiger Differenzraum auf, der vom jeweiligen individuellen Glauben überbrückt werden will.

Die Delegation von Verantwortung an eine transzendente Entscheidungsinstanz ist einerseits dem kulturellen und geistigen Selbstverständnis Augustinus' geschuldet, andererseits auch den Zeiten der Patristik mit deren jeweiligem historischen Stand der Dogmenentwicklung. In den Jahrhunderten nach Augustinus entsprang aus ebendieser Delegation von Entscheidung und Letztverantwortung vielfach normative Wirkung. Die normative Kraft wuchs in der Praxis sogar weiter an, sobald die Herleitung profaner Handlungsanweisungen auf der Grundlage göttlicher Entscheidungen zusätzlich mit ethischen Legitimationen verbunden wurde.

Kreuzzugslügen und Hassreden christlicher Sieger

Die Sprache des Christentums und jene der Alten Kirche wandelten sich im Laufe ihres ersten Jahrtausends. Sie wurde von einer Sprache der Unterdrückten und Verfolgten im Römischen Reich allmählich zu einer Sprache der christlichen Sieger. Nimmt man die Perspektive von Augustinus ein, so erstreckten sich die staatlichen Christenverfolgungen über mehrere Jahrhunderte bis unmittelbar an dessen eigenes Leben heran. Nur wenige Jahrzehnte vor Augustinus' Geburt erfolgte mit der Konstantinischen Wende eine Weichenstellung epochaler Dimension. Mit der Mailänder Proklamation im Jahre 313 wurde die individuelle Glaubensentscheidung und Religionsausübung freigestellt. Das Christentum gedieh nur wenige Jahrzehnte später, als bereits erlaubte *religio licita* unter Kaiser Theodosius I., formal durch dessen Edikt *Cunctos populos*, allmählich zur Staatsreligion. Der sukzessive Niedergang des Weströmischen Reiches beschleunigte das Wachstum der einst verfolgten Sekte und ermöglichte es Christen, immer mehr gesellschaftliche Nischen und wichtige politische Positionen zu besetzen. Ab der Epoche der Hochpatristik bis zum Ende des ersten Jahrtausends wurde die Christianisierung Europas auf allen damaligen sozialen Ebenen, teils friedlich, oftmals gewaltsam und mit regional sehr unterschiedlichem Erfolg, vorangetrieben und gefestigt.

Inmitten verarmter bäuerlicher Massen und tyrannischer Raubaristokratie erstarkte während der zweiten Hälfte des ersten Jahrtausends auch das Papsttum. Unter anderem wurde das von Augustinus gelegte theologisch-philosophische Fundament von *gerechten* und *heiligen Kriegen* aufgegriffen und zu einer realpolitischen Leitlinie, einer Konstante mit theologischer Legitimation entwickelt. Allmählich übernahm der Klerus Westeuropas im Schatten des mächtiger gewordenen Papsttums auch immer mehr der weltlichen Agenden. Diese Hinzunahme profaner Elemente blieb nicht ohne Folgen, weder im kirchlichen Innen- noch im Außenverhältnis. Und allmählich verwandelte sich die Kirche unter der Führung von Päpsten und Reichsbischöfen von einer passiven, von Gewalt betroffenen zu einer überaus aktiven, kriegsführenden Kirche mit eigenem Militär.[22] *„In*

[22] Vgl. Zöllner (1990), S. 34ff.; vgl. Mayer (2005), S. 19ff.

den Abwehrkämpfen gegen Normannen, Ungarn und die islamischen Teilreiche Nordafrikas und Spaniens ... fand der militarisierte Klerus ein äußeres ... Betätigungsfeld. Ein Papst wie Johannes X. zog im Jahre 915 persönlich gegen die Sarazenen, die das römische Gebiet angriffen."[23]

Bereits vor dem ersten der insgesamt sieben großen Kreuzzüge hegte Papst Gregor VII., einer der pontifikalen Vorgänger von Urban II., Pläne für eine bewaffnete Wallfahrt in den Nahen Osten und insbesondere nach Byzanz. Einerseits, weil Berichten und Gerüchten zufolge die Christen dort angeblich zu Tausenden von den Feinden Gottes hingemetzelt würden. Andererseits spielte Gregor VII. mit dem Gedanken, die westliche mit der orientalischen Kirche unter römischem Primat zu vereinen.[24] Die den sieben großen Kreuzzügen sowie den Dutzenden kleineren und kleinsten bewaffneten Wallfahrten zugrunde liegenden Motive waren jedoch nicht nur religiöser Natur. Das sogenannte Zurückgewinnen der heiligen Stätten, die Befreiung der christlichen Religion von deren angeblichen Unterdrückern samt Wiederherstellung der Ehre des Christentums waren bei Weitem nicht die einzigen Veranlassungen.[25] Die Motivlagen vor und während der zahlreichen über mehrere Jahrhunderte verteilten Kreuzzüge reichten von wirtschaftlichen und machtpolitischen Beweggründen der Kreuzritter bis hin zur Aussicht auf Ablass für viele der herkömmlichen, schlichten Kreuzzugsteilnehmer. Das Absolvieren eines Kreuzzuges wurde verbal oftmals mit einem derart hohen *Bußäquivalent* gleichgesetzt, dass die Kreuzfahrer von einer voll-

---

23 Zöllner (1990), S. 36.

24 Vgl. Erdmann (1974), S. 152f.

25 Vgl. Becker (1988), Bd. II, S. 356.

ständigen Erlassung ihrer Sünden ausgingen. Obwohl Synodenbeschlüsse jener Zeit nur vom Erlass *zukünftiger Bußleistungen* sprachen, setzte sich in der Volksfrömmigkeit des elften Jahrhunderts der Gedanke an eine allgemeine Erlassung von Sünden, und darüber hinaus in zahlreichen Fällen sogar die Aufhebung profaner Verurteilungen, durch.

Immer wieder wurden vonseiten der Kirchenführung dringend benötigte Hilfestellungen für die im Heiligen Land angeblich schwerst bedrängten Christen ins Treffen geführt. Wiederholte Gewalttaten gegen christliche Bewohner und Pilger wurden rhetorisch als systematische, strukturelle Gewalt von muslimischer Seite übersteigert. Dass diese Darstellungen häufig Lügen, konstruierte Feindbilder und teils maßlose verbale Übersteigerungen waren, zeigt sich insbesondere auch an zahlreichen Beispielen während der Reconquista. Denn abseits der rigorosen sprachlichen Konstrukte waren in der Lebensrealität des mittelalterlichen Spanien bereits zahllose persönliche, verwandtschaftliche und wirtschaftliche Verbindungen zwischen Christen und Muslimen entstanden. Auch das byzantinische Hilfegesuch von Kaiser Alexios I., das zur 1095 abgehaltenen Synode von Piacenza eintraf, handelte lediglich von traditionellen militärischen Hilfstruppen gegen den wachsenden Druck der türkischen Seldschuken, wurde jedoch von institutioneller kirchlicher Seite als dringende, überlebensnotwendige Hilfestellung für Christen umcodiert.[26]

Das Morgenländische Schisma von 1054 war den Orient-Kreuzzügen nur wenige Jahrzehnte vorausgegangen. Die Kirchenspaltung mit gegenseitiger Exkommunikation von Papst und Patriarch – letztere

---

[26] Vgl. ebda., S. 184ff.

wurde erst im Zuge des Zweiten Vatikanischen Konzils wieder aufgehoben – war die Konsequenz eines Jahrtausends der theologischen und kirchenpolitischen Entfremdung. Wie eine Spiegelung des Großen Schismas gestaltete sich die innerkirchliche Instabilität zum Ende des elften Jahrhunderts. Der Investiturstreit samt eingesetzter Gegenpäpste verschärfte jene Instabilität, die sich maßgeblich auf das politische Funktionieren der Gesellschaft auswirkte. Papst Urban II., der während seines gesamten Pontifikats mit dem inthronisierten Gegenpapst Clemens III. zu kämpfen hatte, schaffte es erst im Laufe der 1090er Jahre, sich immer stärker gegen Clemens III. zu positionieren. Nachdem die Bischofssynode von Piacenza im Frühjahr 1095 ohne bedeutsame Ergebnisse zu Ende gegangen war, berief Urban II. nur wenige Monate später die nächste Synode in Clermont ein. Die augustinischen Gedanken zu *gerechten* und *heiligen Kriegen* wurden dazu genutzt, den Widerspruch zwischen kriegerischen Handlungen und den Grundsätzen christlicher Ethik gar nicht erst entstehen zu lassen. Während dieser Bischofsversammlung delegierte Urban II. seinen Aufruf zum Kreuzzug, am 27. November 1095, rhetorisch zunächst zur transzendenten Entscheidungsinstanz empor. In seiner morgendlichen Predigt am Vortag der synodalen Schlusssitzung wandte er sich schließlich an das Volk von Clermont, einer in geringem Maße alphabetisierten städtischen Gesellschaft des elften Jahrhunderts. Vermutlich sprach Urban II., der vor seinem Pontifikat Prior des Klosters von Cluny gewesen war, in seiner Muttersprache Altfranzösisch, da seine Zuhörer Latein kaum verstanden hätten.

Vier Chronisten der Bischofssynode zeichneten die Papstrede, wahrscheinlich als Ohren- und Augenzeugen, auf: Fulcher von Chartres, Balderich von Dol, Guibert von Nogent und Robert von Reims. Papst Urban II. holte zunächst die Letztverantwortung Gottes für den Aufruf zum Kreuzzug symbolisch ein, um danach zur rhetorischen Form des sprachlichen Appells zu wechseln. Seine persuasiven Mittel bestanden aus einem dichten Bündel metaphorischer Verheißungen und teleologischer Versprechungen. Dabei machte er sich die Volksfrömmigkeit des elften Jahrhunderts zunutze, die zwischen dem irdischen Jerusalem und dem idealisierten biblischen Jerusalembild kaum unterschied. Mit seiner suggestiven Rhetorik, eingebettet in verbalradikale Sprache, teilte der Papst seinen Zuhörern mit, dass Gott selbst die Befreiung der heiligen Stätten wünschte. Irdischer und überirdischer Lohn wären daher die logischen Konsequenzen für alle Teilnehmenden an diesem bevorstehenden Zug des Kreuzes: „*Es ist unbedingt notwendig, unseren Brüdern im Orient so rasch wie möglich unsere bereits oft angekündigte, dringend benötigte Hilfe zu bringen. Die Türken und Araber haben sie angegriffen und sind in die christlichen Gebiete bis Romanien* [Anm.: »Romania« war die zeitgenössische Bezeichnung für das oströmische bzw. byzantinische Reich] ... *vorgedrungen ... indem diese immer mehr Gebiete der Christen einnahmen, haben sie diese immer öfter besiegt und sehr viele getötet oder gefangen genommen, sie haben Kirchen zerstört und das Land Gottes verwüstet.*“ Schließlich nahm Urban II. an dieser Stelle seiner Rede auch noch einen syntaktischen Wechsel der Person vor: nicht er als Papst äußerte sich zur Menge, sondern er überbrachte, einem Abgesandten gleich, die Nachricht Gottes: „*Aus diesem Grund bitte und fordere ich Euch auf – nicht ich, sondern der Herr bittet und fordert Euch auf – die Reichen ebenso wie die Armen, als Botschafter Christi dafür zu sorgen, dass dieser widerwertige Menschenschlag sofort aus den von Christen bewohnten Gebieten gejagt wird ... Den Anwesenden teile ich dieses mit, den Abwesenden lasse ich es ausrichten, doch es ist Christus, der es befiehlt.*“[27]

Urban II. steigerte seine Ausführungen weiter zur Hassrede, indem er ausnahmslos mit asymmetrischen Gegenbegriffen operierte, etwa Mensch–Barbar, Christ–Heide. Mit diesen Worten, die auch damals keine neutralen sondern herabwürdigende, die Anerkennung entziehende Bezeichnungen waren, zeichnete er ein imaginäres, für seine Zuhörer unüberprüfbares Bild der inhumanen Lebenswirklichkeit christlicher Gemeinden, die unter der muslimischen Tyrannis schrecklich litten. Die vier Chronisten gaben die weiteren Ausführungen des Papstes in zum Teil noch drastischeren Worten wieder, als der hier zitierte Bericht des Fulcher von Chartres, der als Priester der gesamten Synode von Clermont beiwohnte, dies tat: „*Sie sollen in einen Kampf gegen die Ungläubigen ziehen, der mit einem Sieg enden wird, ... sie sind jetzt Soldaten Christi, auch wenn sie lange Zeit Räuber waren, nunmehr kämpfen sie rechtmäßig gegen die Heiden, sie, die sie einst gegen die eigenen Brüder und Blutsverwandten kämpften und sie, die sich einst für schäbigen Lohn als Söldner verdingten, sollen jetzt den ewigen Lohn erhalten.*“[28]

Wie ein verbalradikaler Widerhall erklang das rohe Gebrüll der entflammten Massen von Clermont. Die vier Chronisten gaben die kollektive Antwort auf

---

[27] Fulcher v. Chartres, in: Hagenmeyer (1913), Lib. I, Cap. III, 2ff.; vgl. Zöllner (1990), S. 19f.

[28] Fulcher v. Chartres, in: ebda., Cap. III, 7; vgl. Erdmann (1974), S. 312ff.

die Papstrede wieder: „*Deus lo vult!*", „*Gott will es!*"[29]. Die Perfidie der Antwort ist dabei weder der spätlateinischen Syntax noch der derben dialektalen Phonetik des elften Jahrhunderts geschuldet, sondern zeigt sich als rhetorisch gelenkter mittelalterlicher Kulminationspunkt einer Begriffsgeschichte des *gerechten Krieges*.

Lügen und Verfälschungen, wie die manipulativ-verzerrten Schreckensbilder und übertrieben dargestellten Grausamkeiten muslimischer Herrschaft über das Christentum, bildeten die Initialzündung. Klerikale Hassreden gegen das angebliche heidnische Wüten sowie die rhetorisch geforderte Befreiung der heiligen Stätten transformierten diese Emotionen zu einer Bewegung. Mithilfe gewaltsamer Rhetorik wurde ein Sieg im Zuge des *heiligen Krieges* in Aussicht gestellt, verbunden mit der Hoffnung auf Wohlstand und Sündenerlass. Die auf diese Weise gebündelten Emotionen versprachen einer großen Mehrheit der Menschen auch die Flucht aus der tristen Lebenswirklichkeit des elften Jahrhunderts. Die Lügen und Illusionen, Hassreden und Polarisierungen stützten sich schließlich auf eine breite gesellschaftliche Basis, die Rückhalt im gesamten christlichen Europa jener Epoche fand.[30] Wie eine Vorwegnahme der späteren Erinnerung Nietzsches an die Geheimlehre des untergegangenen Assassinen-Ordens, „*Nichts ist wahr, alles ist erlaubt*"[31], auf dessen Kämpfer die Kreuzfahrer treffen sollten, mussten die komprimierten Aufru-

[29] Fulcher v. Chartres, in: ebda., Cap. III, 3; vgl. Sailer-Wlasits (2021), S. 89ff.

[30] Vgl. Haller (1965), Bd. II, S. 326ff.

[31] Nietzsche (1988), Bd. V, S. 399; vgl. Hammer-Purgstall (1818), S. 84ff.

fe des europäischen Klerus dem damaligen zeitgenössischen Diskurs gegenübergestanden haben.

In seiner mehr als drei Jahrzehnte umfassenden *Historia Hierosolymitana*, der Geschichte des ersten Kreuzzuges, macht Fulcher von Chartres klar, dass dieser ohne den Impuls durch Urban II. nicht oder nicht in jener Form zustande gekommen wäre.[32] Nachdem 1096 diese erste der kirchlich legitimierten, bewaffneten Pilgerfahrten zwecks Wiederherstellung von Gerechtigkeit und christlicher Ordnung auf eher ungeordnete Weise in Gang gekommen war, verbesserte sich in den darauffolgenden Jahren die militärische Organisationsstruktur. Die Einnahme Jerusalems als primäres Ziel des ersten Kreuzzuges gelang ebenso wie die Errichtung mehrerer politisch-militärischer, jedoch instabiler, Kreuzfahrerstaaten. Innerhalb von etwa drei Jahrhunderten folgten Dutzende weiter Kreuzzüge, von welchen jedoch weniger als zehn tatsächliche Heereszüge mit massiver ziviler Beteiligung waren.[33]

Der Appell zum zweiten großen Kreuzzug erfolgte Ende 1145 durch Papst Eugen III., doch nicht der Papst, sondern sein ehemaliger zisterziensischer Ordensbruder und Lehrer Bernhard von Clairvaux, der *„Meister des Wortes in jeder Form ...*“[34] wurde zur treibenden, vermittelnden und demagogischen Kraft des neuerlichen kirchenpolitischen Großprojektes. Bernhards Semantik verließ dabei immer wieder die Theologie, begab sich in die zweifelhaften Bezirke des Zweckes, um dort von der Rhetorik usurpiert zu werden. Die Kombination aus Lügen, wie jenen vom systematischen Entweihen, Besudeln und Zertreten der

---

32 Vgl. Hagenmeyer (1913), S. 19ff. u. S. 115ff.
33 Vgl. Riley-Smith (2005), S. 147ff.
34 Haller (1965), Bd. III, S. 8; vgl. Asbridge (2010), S. 221ff.

heiligen christlichen Reliquien durch die Heiden, aus Hassreden gegen die angeblich einseitige muslimische Aggression und überschwänglichen eschatologischen Verheißungen für potenzielle Kreuzzugsteilnehmer, führte zu durchschlagendem Mobilisierungserfolg.

In seinen überaus massenwirksamen Predigten und Appellen, die voller Metaphern und gespickt mit Zitaten aus dem Alten und Neuen Testament vor christlicher Siegesdiktion strotzten, generierte und verbreitete Bernhard von Clairvaux zahllose antiislamische Feindbilder. Die Heidenvölker sollten bestraft und als Feinde des Christentums ausgerottet werden, so der später heiliggesprochene Abt des zur Zeit der Kreuzzüge noch sehr jungen Zisterzienserordens. In den Kämpfen gegen die Feinde des Kreuzes Christi wäre es ruhmvoll zu siegen und ein Gewinn zu sterben, denn die Feinde des christlichen Wortes sollten auf immer bekehrt oder vernichtet werden, so Bernhard in seinem Aufruf *ad universos fideles*, *an alle Gläubigen*.[35] Eine fatale Formulierung hinsichtlich der pauschalen Niederwerfung und Vernichtung alles Paganen, die sich über Jahrhunderte hinweg als einer der tragenden Gedanken europäischer Kolonisatoren wiederfinden sollte. Zu oft stand in der Kulturgeschichte hinter missionarischer Wortwahl auch die Absicht einer gewaltsamen Umkehrung bestehender Machtverhältnisse, wenn nötig sogar durch Angriffskriege, nach deren Ende die politische Kontrolle und religiöse Suppression der Eroberten nur noch wie eine unausweichliche historische Konsequenz erschien.

Indes wurde der zweite der großen Kreuzzüge wegen mangelhafter politischer, strategischer und organisatorischer Vorbereitung und Durchführung zum

---

35 Vgl. Bernhard v. Clairvaux (1992), Bd. III, S. 890ff.

Debakel. Die Kreuzheere kehrten nach nicht einmal zwei Jahren unverrichteter Dinge nach Europa zurück, Papst Eugen III. und Bernhard von Clairvaux wurden beschimpft und verwünscht.[36] Nachdem das Königreich Jerusalem in eine geopolitisch aussichtslose Isolation geraten und der militärischen Überlegenheit Saladins, des ersten Sultans von Ägypten und Syrien, ausgeliefert war, erschallte der Aufruf zum gewaltigsten aller Kreuzzüge. Im Oktober 1187 war Saladin in Jerusalem eingezogen, nur wenige Wochen später trat Papst Gregor VIII. mit seine Bulle *Audita tremendi* auf den Plan, in der von Barbaren die Rede war, welche nicht nur nach christlichem Blut dürsteten, sondern auch jegliche christliche Gottesverehrung vollständig tilgen wollten.[37] Nicht nur bei Gregor VIII., auch in einigen der aus der Zeit der Kreuzzüge erhaltenen Benediktionen für Waffen-, Schwert- und Fahnensegen findet sich in scheinbar defensiver Wortwahl stets die antizipative Verteidigung im Sinne eines aktiven militärischen Erstschlages mitgemeint.[38] Die lügengetränkte klerikale Propaganda erhielt zudem Unterstützung aus dem profanen Bereich der Gesellschaft. Minnesänger und Prediger trugen gemeinsam zu einer europaweiten Aufbruchsstimmung bei, zu einer bellizistischen Massenbewegung mit dem Ziel, einen finalen irdischen Schlag zu setzen, um für diesen sowohl irdischen als auch himmlischen Lohn zu empfangen.

Nach vielen Jahrzehnten der ähnlichen Aufrufe, Erwartungen und enttäuschten Hoffnungen machte sich im christlichen Europa allmählich Kreuzzugsmü-

---

36 Vgl. Haller (1965), Bd. III, S. 70.

37 Vgl. *Patrologia latina* (1855), Bd. 202, *Gregorii VIII Papae Epistola et Privilegia*, S. 1540.

38 Vgl. Erdmann (1974), S. 326ff.

digkeit breit. Zum Verebben der Kreuzzugspopularität trugen gewiss auch die laufend erhobenen Kreuzzugssteuern bei. Nach der Erfahrung und im Rückblick auf eineinhalb Jahrhunderte der bewaffneten Wallfahrten, die in ihren Ansprüchen zwischen *gerechten* und *heiligen Kriegen* oszillierten, findet sich selbst in Thomas von Aquins *Summa Theologiae* zu diesem Themenbereich keine inhaltliche Erweiterung der augustinischen Thesen. Die Ausführungen zum *gerechten Krieg* stellen sich bei Thomas als weitgehende Übernahmen, Übereinstimmungen und Kontextualisierungen der augustinischen Gedanken dar.[39] Doch ab dem fünfzehnten Jahrhundert erwachte die Kriegsbegeisterung im Zeichen des Kreuzes erneut. In anderem Gewand, unter anderen Vorwänden und anderer geografischer Stoßrichtung. Die Expansion der europäischen Seemächte begann, um aufs Neue Jahrhunderte hindurch verbal, mit Waffen und im Zeichen des Kreuzes Gewalt zu exportieren.

La Conquista: Lüge und Hass zwischen Gier und Macht, Gewalt und Tod

In ihren verschiedenen Formen und Ausprägungen existierte Sklaverei seit den frühesten Epochen der Kulturgeschichte. Vorgänge militärischer Unterwerfung, Versklavung Gefangener und Menschenhandel waren in den antiken Hochkulturen häufig vorzufindende Handlungsstränge einer unerbittlichen Lebensrealität. Heraklits Diktum „*Krieg ist aller Dinge Vater, aller Dinge König. Die einen macht er zu Göttern, die*

[39] Vgl. Thomas v. Aquin (1892), *Secunda Pars Sacundae Partis, Quaestio 40.*

anderen zu Menschen, die einen zu Sklaven, die anderen zu Freien“[40], verweist auf die bereits zur Mitte des ersten vorchristlichen Jahrtausends vorhandene lange Tradition dieses Wissensbestandes. Darüber hinaus hielt sich, von den frühesten Epen bis in die griechische Klassik und über diese hinaus, die Auffassung, manche Menschen wären von Natur aus vorausblickender als andere und eigneten sich daher dazu, andere, weniger weitblickende und erfahrene, zu führen. Diese fatale Argumentationsweise ebnete letztlich den Weg vom positiven Anleiten, Lehren und Lenken zum gebietenden Anweisen, Herrschen und Beherrschen. Einmal eingeschlagen, festigte sich auf diesem antiken Denkweg der Ungleichwertigkeit auch die gesellschaftliche Akzeptanz von Sklaverei. Sie enthielt in ihrem Begriff bereits eine scheinbare Erklärung und implizite Begründung der bestehenden, gesellschaftlich anerkannten „natürlichen“ Über- und Unterordnung. Auch die Philosophie, allen voran Platon und Aristoteles, akzeptierten das Sklaventum als antike Normalität von Herrschenden und Beherrschten und die Sklaven demgemäß als *„belebtes Stück Besitz*“[41], als vernunftbegabte *„Werkzeuge und Diener*“[42]. Die kulturellen Über- und Unterordnungen spiegelten sich auch sprachlich wider, wie etwa in den Synonymisierungen von Herren und Griechen sowie Sklaven und Barbaren, mit allen Konsequenzen verbaler Herabwürdigung, Diskriminierung und Ausschließung. Seit Jahrtausenden wurde den Mechanismen und Strukturen gewaltsamer Über- und Unterordnung bestenfalls symptomatisch entgegengewirkt. Die inhumanen Resultate des Denkens in Kategorien

---

40 Heraklit, DK (1996), Frg. 53.

41 Aristoteles (1996), 1253b 30.

42 Ebda., 1259b ff.; vgl. auch Platon (1993), *Der Staat*, IV, 433d.

der Ungleichwertigkeit veränderten sich zwar entlang des Zivilisationsprozesses strukturell und verbesserten sich graduell; doch die Symptomtherapie konnte die Wurzel des zwischen Sklaventum, Unterdrückung und Kolonialismus mutierenden Virus bis heute nicht unschädlich machen.

Kolonialismus als Sammelbegriff umfasste und umfasst eine Vielzahl von Phänomenen. Diese beschreiben Herrschaftsstrukturen infolge von zumeist gewaltsamen Expansionen, die sich auf territorial überaus unterschiedlichen, teils weit voneinander entfernten Gebieten in sämtlichen Epochen der Kulturgeschichte zutrugen. Die große Vielfalt der von Fremdherrschaft betroffenen Ethnien und Kulturen, gepaart mit der Heterogenität politischer und wirtschaftlicher Interessen früherer und späterer Kolonialmächte zeigt unter anderem auch, dass das vielgestaltige und bis in die Gegenwart andauernde Phänomen von Herrschafts- und Dependenzverhältnissen niemals beseitigt werden konnte. Expansion und Entdeckung, Unterwerfung und Vorherrschaft sowie die Kombination aus gewaltsamer Ausbeutung und Handel zählen – verkürzt ausgedrückt – zu den Charakteristika einer Globalgeschichte des Kolonialismus. Entdecker und nach diesen eintreffende feudale Eroberer, die etwa während der Renaissance auf dem amerikanischen Kontinent, teils mit Waffengewalt und anarchischem Faustrecht weder vor Ausbeutung und Unterdrückung noch vor Massenmorden zurückschreckten, wurden im Verlauf von Jahrhunderten allmählich von militärisch gesicherten staatlichen Territorialverwaltungen samt vielfältigen Handelsgesellschaften und deren komplexen Organisationsstrukturen abgelöst. Letztere bestanden in unterschiedlichsten Ausprägungen zum Teil bis weit in das 20. Jahrhundert fort und wurden demgemäß im Zeitverlauf wirtschaftlich, rechtlich und kulturell angepasst. Dadurch blieben, trotz der im 19. Jahrhundert einsetzenden Gegenbewegung, der sogenannten Dekolonisation, zahllose Mechanismen globaler Dependenzverhältnisse bestehen. Diese wurden weder behoben noch außer Kraft gesetzt, sondern transformiert, verschleiert und maskiert. Die Lüge vom längst überwundenen Kolonialismus basiert demzufolge auf der erfolgten sprachlichen Umcodierung des Begriffes Kolonialismus vom System der Ausbeutung und Dependenz zur historischen Epoche.

Die fatale, aus der griechischen Antike stammende, Begründung von *a priori* bestehendem Herrentum und Sklaventum wurde kurz nach der sogenannten Entdeckung des amerikanischen Doppelkontinents von Christen wiederbelebt. Sogar von Vertretern der spanischen Spätscholastik zu Beginn des 16. Jahrhunderts, wie die Ansichten von Juan Ginés de Sepúlveda zeigen. Der Humanist und renommierte Aristotelesübersetzer griff den griechischen Gedanken des natürlichen Sklaventums auf, stellte diesen in einen christlichen Kontext der Conquista und bezog ihn auf die indigenen[43] Völker der kürzlich entdeckten Kontinente: „... *was konnte diesen Barbaren denn Besseres und Heilsameres widerfahren, als der Herrschaft jener unterworfen zu werden, durch deren Klugheit, Tüchtigkeit und Frömmigkeit sie von wilden und kaum*

---

[43] Anm. d.A.: Die verwendeten Termini *indigene Völker*, in der Bedeutung von *pueblos indígenas*, *originarios* bzw. *nativos* werden nachfolgend synonym verwendet. Diese bezeichnen ohne zu werten und beziehen sich, ebenso wie *Indígenas* und *Indios*, auf die Ethnien der *native Americans* auf dem amerikanischen Doppelkontinent, auf die sogenannten „Alten Herren“ der Neuen Welt.

menschlichen Wesen zu ... zivilisierten, und von Freveltätern zu sittsamen Menschen, von gottlosen Dämonendienern zu Christen und zu Verehrern des wahren Gottes und Anhängern der wahren Religion umgewandelt werden?“[44]

Sepúlvedas verbale Umwandlung der Eroberung, Unterwerfung und Ausbeutung zu einem christlich fundierten Gnadenakt veranschaulicht, mit welchen ideologischen Strategien versucht wurde, die Conquista zu legitimieren. Sein humanistisch-scholastischer Fehltritt stellte jedoch eine rhetorisch in sich geschlossene Argumentation dar, da Sepúlveda mit synkretistischen Methoden Argumente mehrerer Geisteswissenschaften zusammenfügte. Als Aristoteleskenner verwendete er dessen philosophische Definitionen der natürlich gegebenen Über- und Unterordnung von Menschen im antiken Familienverband und verknüpfte diese mit naturrechtlichen Argumenten der Führung von Unvollkommenen durch Vollkommene.[45] Dabei nahmen aus seiner Perspektive die Spanier implizit die Rolle der vollkommenen und die Indios die Rolle der inferioren, geistig, körperlich, militärisch, kulturell und religiös „*wie Kinder den Erwachsenen*“[46] unterlegenen Menschen ein. Diesen Argumenten fügte er seine Interpretation der Landnahme aus den Büchern des Alten Testaments bei und stützte diese zusätzlich mit den augustinischen Definitionen des gerechten und heiligen Krieges.[47] Kriegerische Handlungen seien in der Neuen Welt gerechtfertigt, richteten sich diese doch gegen Ungläubige, Dämonenanbeter und kultische Menschenopfer darbringende

---

44 Sépulveda (2018), S. 108ff.
45 Vgl. ebda., S. 34ff.
46 Ebda., S. 59.
47 Vgl. ebda., S. 28ff.

Barbaren.[48] Die sprachlich wie argumentativ geschickten Begründungen Sepúlvedas reichten somit weit über den antiken Kontext des Sklaventums hinaus und umfassten nicht nur die Bereiche der unterstellten mentalen und physischen Inferiorität der *pueblos indígenas*, sondern wurden im Bezug auf sämtliche Ethnien der Neuen Welt um den Aspekt der Sündhaftigkeit erweitert. Eine Sündhaftigkeit, die als vollkommene Gottlosigkeit angeblich von einer derartigen sittlichen Niedertracht wäre, dass sie als schwere Gotteslästerung „... *an sich bereits einen weiteren Grund zur Führung eines gerechten Krieges darstellte.*“[49] Sepúlvedas rassistischer Populismus im humanistischen Kleid fand rasche Verbreitung, denn er eignete sich nicht nur zur Legitimation von diskriminierender Hasssprache, sondern darüber hinaus auch als philosophisch-theologische Selbstermächtigung zu brutalem Raubritter-Handeln zahlloser Conquistadores in den sogenannten *indischen Königreichen* Spaniens. Deren Plünderungen samt schrankenloser Ausbeutung der indigenen Bevölkerung im kolonialen Zwangsarbeitssystem, euphemistisch *encomienda* genannt, sowie todbringende Beutezüge nach Gold und Silber, führten im Mutterland nicht nur zur Akzeptanz, sondern vielfach zu finanziellen Belohnungen, politischen Ämtern oder Adelstiteln, wie etwa in den Fällen von Hernán Cortés und Francisco Pizarro.[50]

Vonseiten der katholischen Rhetorik erfuhr die Conquista zunächst Unterstützung hinsichtlich der sprachlichen Umwertung der Begriffe Beherrschung und Versklavung, indem diese als gerechte Strafe für die sündhafte Existenz der indigenen Bevölkerung be-

48 Vgl. ebda., S. 50ff u. 66ff.
49 Sépulveda (2018), S. 68.
50 Vgl. Reinhard (2016), S. 381.

wertet wurden. Dieser Begründungszusammenhang war aufgrund der Hasssprache der Kreuzzüge nach wie vor präsent, denn zu Beginn des 16. Jahrhunderts war deren sprachlicher Nachhall noch stark im allgemeinen Bewusstsein verankert. Doch zahlreiche Vertreter der spanischen Spätscholastik, allen voran die Theologen und Kirchenrechtler der Schule von Salamanca sowie die Orden der Dominikaner und Jesuiten, begannen die Auswüchse der Conquista zu kritisieren. Persönlichkeiten wie der Dominikaner Bartolomé de Las Casas wurden zu exponiertesten Gegnern der Conquista. Las Casas, dessen Vater Teilnehmer an der zweiten Expeditionsfahrt des Christoph Kolumbus war, hatte vor seiner klerikalen eine ökonomische Karriere als *encomendero* auf der Insel La Española (heute Dominikanische Republik und Haiti) begonnen, wo indigene Zwangsarbeiter ab 1502 auch für ihn tätig waren.

Ein Jahrzehnt später, Las Casas war in der Zwischenzeit in Rom zum Priester geweiht worden, erhielt er eine weitere *encomienda* in Kuba, profitierte erneut von der Zwangsarbeit der Indios, war dort jedoch gleichzeitig als Priester tätig und wurde Augenzeuge zahlreicher Gewalthandlungen und Massaker spanischer Conquistadores an Indigenen. Infolgedessen wandelte sich seine Haltung und Las Casas wurde vom ökonomischen Nutznießer der Conquista zu einem ihrer schärfsten Kritiker. Sein Werk *Historia de las Indias*[51] sowie Aufzeichnungen, wie der *Bericht von der Verwüstung der Westindischen Länder*[52], machten ihn zu einer der stärksten Stimmen im Kampf für die Rechte der indigenen Völker Mittel- und Südame-

---

51 Vgl. Las Casas (1875).

52 Vgl. Ders. (1981).

rikas. Seine detaillierten Augenzeugenberichte über die unbeschreibliche Habgier und den Hass der christlichen Eroberer, der sich in Ausbeutung und Zwangsarbeit, Versklavung und Nahrungsentzug, Folterung und systematischem Massenmord an Indios manifestierte, führten jedoch nur zu punktuellen Erfolgen seiner Überzeugungsarbeit am spanischen Hof. Immer wieder geriet Las Casas darob auch in schwere Konflikte mit den Conquistadores und deren materiellen Interessen. Im Rückblick auf die Berichte von Las Casas fällt auf, dass diese in weiten Teilen nahezu ausschließlich auf die kriegerische Gewalt und Gräueltaten der Eroberer und frühen spanischen Siedler fokussierten. Die gewaltigen Epidemiewellen aufgrund eingeschleppter Krankheitserreger aus Europa, von Pocken über Typhus bis Masern, die Millionen indigener Menschenleben forderten und einige Ethnien fast vollständig auslöschten, fanden bei Las Casas nur periphere, humanistisch-neutrale und, auch infolge des rudimentären epidemiologischen Wissens der Zeit, kaum kausale Beachtung.

Letztendlich hatten die Kritiken ein solches Ausmaß angenommen, dass sich der königliche Indienrat veranlasst sah, eine Expertengruppe einzuberufen, welche die grundsätzliche Legitimation und den Verlauf der spanischen Conquista überprüfen sollte. In der Großen Disputation von Valladolid traten vor der Expertenkommission 1550 und 1551 Bartolomé des Las Casas und Juan Ginés de Sepúlveda gegeneinander an. Las Casas vertrat in seinem *Argumentum Apologiae* die Interessen der Indios, indem er auf deren Menschenrechte, bzw. Grundrechte und Anerkennung verwies. Sepúlveda hingegen trat mithilfe der theologisch-philosophischen Thesen seines *Democrates secundus* für die paternalistischen Interessen der spanischen Eroberer ein. Eine offizielle Entscheidung des Indienrates fiel für keinen der beiden Kontrahenten, auch eine diesbezügliche Stellungnahme der Expertengruppe unterblieb. Doch die Jahre und Jahrzehnte nach Valladolid zeigten anhand der sich marginal zugunsten der Indigenen verändernden Kolonialgesetzgebung, und zudem ablesbar am Publikationsverbot des *Democrates secundus*, dass die spanische Krone vorsichtig zu den Ansichten von Las Casas tendierte. In der anhebenden Epoche des Kolonialismus galt es daher zum Einen, die neuen ökonomischen und machtpolitischen Kreisläufe nicht zu gefährden, zum Anderen jedoch auch, das bereits beschädigte Image Spaniens nicht noch weiter zu belasten.[53] Die blutige Anfangszeit der Conquista hatte ihre kulturgeschichtlichen Spuren hinterlassen und nahm später als dunkle Epoche, *Leyenda negra*, als *schwarze Legende* ihren unrühmlichen Platz im Geschichtsbild Spaniens ein.

Was sich als Diskurs der Kolonisatoren zunächst nahezu ungehindert verbreitete und durchsetzte, waren kulturhegemoniale Sprach- und Denkmuster, Abwertungen und Hassreden gegen die indigene Bevölkerung. Diesen lagen vielfach religiös durchsetzte Ethnozentrismen zugrunde, die vom Aberkennen des Menschseins über die verbale Konnotation mit Wilden, Barbaren bis hin zum Insinuieren von Tiernähe und damit Menschenferne reichten, womit die Aberkennung von Grund- und Menschenrechten oftmals einherging. Was sich, aus der Antike stammend, im Mittelalter und über die Renaissance hinaus in der anbrechenden Neuzeit geradezu paradigmatisch manifestierte, war die sprachlich nahtlos fortgeführte

---

53 Vgl. ebda., S. 319.

Asymmetrie der Anerkennungsverhältnisse. Gesellschaftliche Mechanismen der Anerkennung konnten auch während der Epoche absoluter Monarchien und späterer totalitärer Herrschaftsstrukturen niemals zur Symmetrie entwickelt werden.[54]

Die Lüge als Vorbedingung von Herrschaft und Macht

Etwa zur gleichen Zeit, als in dem aufs Neue entdeckten Amerika die christlichen Conquistadores wüteten und die Lebensgrundlage von Millionen Indigenen systematisch zu gefährden und zu vernichten begannen, beschrieb in Florenz der politische Staatsphilosoph Niccolò Machiavelli die verschiedenen Wege und Mittel um Macht zu erlangen und zu erhalten. In Florenz, das sich im Zuge des wirtschaftlichen Aufstiegs der Medici insbesondere im Laufe des 15. Jahrhunderts zu einer kulturellen Weltstadt der Renaissance entwickelt hatte, bekleidete Machiavelli, nach dem vorübergehenden Sturz der Medici, insgesamt 14 Jahre hindurch das Amt des Staatssekretärs der *Zweiten Kanzlei der Republik Florenz*. Als solcher war er vonseiten des *Rates der Zehn* kontinuierlich mit militärischen Angelegenheiten sowie außenpolitischen Fragestellungen und Aufgaben befasst. Seine Jahre der Diplomatie, des Verhandelns und Taktierens fanden in einem politisch zerklüfteten und machtpolitisch zerteilten Italien statt, dessen Fürstentümer aufgrund divergierender Partikularinteressen nicht in der Lage waren, sich gegen die französischen und spanischen Invasoren, die Machiavelli ausgerechnet „*Bar-*

---

[54] Vgl. Sailer-Wlasits (2016), S. 42ff.

baren“[55] nannte, zusammenzuschließen. Nachdem Papst Julius II. und die Koalition der *Heiligen Liga* sich im Krieg gegen die Franzosen durchgesetzt hatten und in Florenz die Wiedereinsetzung der Medici erfolgte, wurde Machiavelli 1512 von diesen aller seiner Ämter enthoben. Im Anschluss daran verfasste er bis zu seinem Tod 1527, teils in Verbannung nahe Florenz lebend, seine Hauptwerke, *Discorsi*, *Il Principe* sowie neben einer *Geschichte von Florenz* auch eine militärisch-strategische Abhandlung zum *Kriegswesen*. Die zahlreichen historischen Parallelen in seiner Utopie einer geeinten italienischen Republik lassen den Vorbildcharakter des Imperium Romanum erkennen.

Die Einschätzung, Machiavelli sei ein amoralischer Renaissancemensch gewesen, ist verkürzt und in ihrer Substanz unrichtig. Seine Reflexionen über die politische Realität des 15. und beginnenden 16. Jahrhunderts stellen zwar authentische Beschreibungen heilloser Moralferne in der Politik dar, dennoch „*war Machiavelli kein Machiavellist*“[56], wie Ernst Cassirer dies treffend formulierte. Er war humanistisch ausgebildet, besaß ein stabiles republikanisches Weltbild, darüber hinaus jedoch ein überaus pessimistisches Menschenbild. Denn er sah sich über Jahrzehnte und aus nächster Nähe mit dreisten Lügen, diabolischen Intrigen und perfiden Machtkämpfen vonseiten der Fürstentümer, des Klerus und der benachbarten Königreiche sowie einer daraus resultierenden politischen Instabilität konfrontiert. Mit dem Zerfall des römischen Weltreiches sei, so Machiavelli, auch eine der tragenden Säulen für politischen Erfolg, die klassische römische *Tugend*, *virtù*, aus der zerklüfteten

[55] Machiavelli (2019), S. 197.

[56] Cassirer (2002), S. 159.

italienischen Gesellschaft verschwunden oder habe sich in Teilen sogar zu anderen Reichen und Ethnien hin verlagert.[57] Die *Tugend*, *virtù* manifestiert sich im Begriffsverständnis Machiavellis nicht moralisch, sondern als Vortrefflichkeit im Sinne einer klugen, umsichtigen und gleichzeitig kühnen, charakterfesten Tüchtigkeit in der politischen Praxis. Die Menschen – und allen voran die weltliche und klerikale Führungsschicht – seien jedoch überwiegend heuchlerisch, habgierig und hinterlistig, woraus sich auch die wesentlichen Steuerungskriterien für deren politisches Handeln bildeten. Aus diesen Gründen käme moralischen Haltungen und Überzeugungen zwar innerhalb der Privatsphäre Bedeutung zu, im öffentlichen Leben und in der Politik spielten diese jedoch keine oder nur untergeordnete Rollen, da die Politik sich nicht von moralischen oder geistigen Wurzeln, sondern primär aus der Geschichte herleitete. Bündnisse und Verträge könnten demgemäß, so Machiavelli in seinen *Discorsi*, zwischen Fürsten und Republiken jederzeit aus Nützlichkeitsgründen gebrochen werden. Und auch der ehrlose, im privaten wie öffentlichen Bereich abzulehnende Betrug sei in Zeiten des Krieges ruhmvoll.[58]

Machiavelli leitet sein Staatsverständnis in den *Discorsi* detailliert und renaissancetypisch mit zahllosen Beispielen aus der Geschichte des Imperium Romanum her, von Siegen und Niederlagen, von politischen und militärischen Taktiken, erfolgreichen Führungsstilen und konsequenzreichen Versäumnissen. Sein Werk *Il Principe*, *Der Fürst*, ein Konzentrat seiner Überlegungen zu Politik, Macht und deren Missbrauch, verfasste er teils in Ansehung des skru-

57 Vgl. Machiavelli (1977), II, S. 162f.

58 Vgl. Machiavelli (1977), I, 59 u. III, 40.

pellosen Machtpolitikers Cesare Borgia und dessen Persönlichkeitsmerkmalen. Letzterer war der uneheliche Sohn Kardinal Rodrigo Borgias, des späteren Papstes Alexander VI.

Auch die Trennung von privater und öffentlicher Sphäre sei für den machtorientierten Fürsten in der Praxis diszipliniert einzuhalten. Denn ein Fürst könne zwar privat aufgrund ethischer Reflexionen oder aus moralischen Gründen bestimmte Verhaltensweisen und Handlungen ablehnen. Zum Zweck des eigenen Machterhalts und im Sinne der sogenannten Staatsräson, müsse er diese jedoch umsetzen, nicht weil diese gut, sondern weil sie zweckdienlich seien. Durch Freundesverrat, Menschenverachtung, Treulosigkeit und Mord könne zwar Macht akkumuliert und eine Schreckensherrschaft etabliert werden, Ehre und Ruhm seien damit jedoch nicht zu gewinnen, lautet ein weiterer seiner Befunde. Überdies sollten, so Machiavelli weiter, alle genannten Grausamkeiten möglichst auf einen Schlag begangen werden. Damit müssten diese nicht über einen längeren Zeitraum hinweg wiederholt werden und wären vonseiten des Volkes rascher vergessen. Danach sollten die Bürger sukzessive durch kleinere und größere Wohltaten wieder versöhnt werden.[59] Um sich an der Macht zu halten, müsse man überdies lernen, auch wenn das dem eigenen Empfinden zuwiderlaufe, moralisch schlecht zu handeln. Denn unter so vielen, die moralisch verwerflich seien, könne sich ein moralisch hochwertiger Fürst nicht auf die Dauer halten. Seine Güte und integre Haltung würden als Schwäche ausgelegt werden und letztlich zu seinem Sturz führen.[60]

---

59 Vgl. Machiavelli (2019), S. 73f.

60 Vgl. ebda., S. 119f.

Zwei Jahrhunderte später sekundierte Voltaire Machiavelli scheinbar, kritisierte diesen jedoch vermittels einer Anspielung aus seiner im antiken aristokratischen Milieu Messenes angesiedelten Tragödie *Mérope*: der erste König sei nichts weiter als ein siegreicher Soldat gewesen.[61] Doch aus der Perspektive des beginnenden 16. Jahrhunderts erschien es Machiavelli für die Interessen des Fürsten opportuner zu sein, vom Volk gefürchtet statt geliebt zu werden.[62] Aus dieser Lebensrealität ist auch Machiavellis Feststellung zu lesen, die Mehrzahl der Fürstentümer zwischen Mailand, Florenz und Rom seien durch Lüge, Meineid, Betrug und Gewalt an die Macht gekommen. Eine Bestätigung für diesen Befund erhielt Machiavelli posthum aus Frankreich, von Michel de Montaigne, der im Rückblick auf das 16. Jahrhundert und die allmählich zu Ende gehende Renaissance festhielt: „... *die Verstellungskunst zählt zu den vorzüglichsten Eigenschaften dieses Jahrhunderts.*“[63] Auf gleichsam empirischer Grundlage riet Machiavelli daher dem Fürsten zu einer Haltung der Offenheit und zu grundsätzlicher Bereitschaft, amoralische Politik zu verwirklichen, um damit die Chancen für Machtgewinn und -erhalt zu maximieren. Machthaber sollten opportunistisch sein und sich daher nur so lange wie nötig an Verträge und Versprechen halten. Wenn es dem skizzierten Typus des Fürsten nicht mehr möglich oder opportun erschiene, sich an Vereinbarungen zu halten, müsse er wissen, wie er machtpolitisch in der Welt des Bösen agiere. Dazu zählten unter anderen Lügen,

---

61 Voltaire (2015), S. 60: „*Le premier qui fut roi fut un soldat heureux.*“

62 Vgl. Machiavelli (2019), S. 129ff.

63 Montaigne (2001), S. 1028: „... *la dissimulation est des plus notables qualités de ce siècle.*“

Meineid, Verstellung und Betrug. Doch nach außen solle der Eindruck bestehen bleiben, er sei rechtschaffen, redlich und treu. Denn die Mehrheit der Menschen habe nichts dagegen, sich belügen zu lassen und urteile mehrheitlich nur nach dem äußeren Schein.[64]

Die Namensliste der staatstheoretischen Kritiker Machiavellis aus den nachfolgenden Jahrhunderten scheint endlos: Von den frühen Jesuiten über Zeitgenossen wie Erasmus von Rotterdam, der 1516, drei Jahre nach dem *Principe*, seine christlich-moralische *Erziehung des Christlichen Fürsten*, *Institutio Principis Christiani*, veröffentlichte, über Theologen und Philosophen seit der Aufklärung bis in die Gegenwart. Dass Machiavelli stilistisch in seinen Schriften vor Verbalradikalismen nicht zurückschreckte, ist evident. Sein Beitrag zum politischen Diskurs besteht jedoch in der schonungslosen Darstellung eines ethiklosen, moralbefreiten politischen Handelns, dessen Ziel in einem – falls nötig oder opportun, völlig rücksichtslosen – Erlangen und Behalten von Macht besteht. Jedoch wird man Machiavelli keinesfalls gerecht, wenn man ihn lediglich auf Aspekte der Hassrede reduziert und fälschlich als direkten Wegbereiter von Totalitarismen interpretiert. Sein Werk kann demgemäß, wie seit seiner Teilrehabilitierung durch Hegel, Fichte, Cassirer und andere, als schlaglichtartige Offenlegung des europäischen und insbesondere italienischen machtpolitischen Status quo während der Renaissance gelesen werden, angesiedelt zwischen Lügen, Hass und Rechtsbrüchen sowie Verbrechen im Kontext des kriegerischen Handelns.

64 Vgl. Machiavelli (2019), S. 135ff.

Kapitel III

Zivilisatorische Rückschritte: von 1789 zur Unerbittlichkeit gegenwärtiger Totalitarismen

„Denn die Welt braucht ewig die Wahrheit ...“[1]

Friedrich Nietzsche

Die Vehemenz des Europa intervallartig erschütternden Kriegsgeschehens im Hundertjährigen Krieg, jene des Dreißigjährigen Krieges mit allen seinen Nebenkonflikten sowie die gewaltdurchsetzten Wellen des europäischen Kolonialismus zwangen dazu, den politischen und gesellschaftlichen Boden Europas neu aufzubereiten. Nach der höchst ambivalenten Renaissance mit ihrer kulturellen Blüte aus künstlerischen und geisteswissenschaftlichen Glanzleistungen und ihren gleichzeitigen Abgründen machtpolitischen und kriegerischen Ringens, wurde das soziopolitische Terrain Europas grundlegend neu bestellt. Dies versetzte den Kontinent im Verlaufe des 17. und 18. Jahrhunderts erstmals in die Lage, Ideen und Entwürfe von Gesellschaftsverträgen aufnehmen zu können. Der verheißungsvoll begonnene Diskurs blieb jedoch auf keinem linearen Entwicklungsweg, sondern verzeichnete tiefe Einbrüche und Rückschläge im Verlauf des sich beschleunigenden Zivilisationsprozesses.

Diskursive Grundlagen der Gesellschaftsverträge

In Hugo Grotius' völkerrechtlicher Studie *De iure belli ac pacis* werden, ausgehend von naturrechtlichen Zugängen, Frühformen von Gütergemeinschaften entworfen, aus denen sich Teilungsnotwendigkeiten ableiten lassen, die eine mögliche Entstehungsgeschich-

---

1 Nietzsche (1973), S. 329.

te von Rechtssystemen schildern.[2] Thomas Hobbes' staatstheoretischem Werk *Leviathan* zufolge, dem der blutige englische Bürgerkrieg als realpolitischer Hintergrund diente, könne das *Bellum omnium contra omnes* nur mithilfe eines Gesellschaftsvertrages gelöst werden. Die an der Gesellschaft Teilhabenden überantworten sich aus freien Stücken an den uneingeschränkten Souverän, der die Möglichkeit zur Tyrannis aufgrund seiner aktiven Selbstbeschränkung nicht ergreift und ermöglichen damit eine fragwürdige Stabilität, die auf einem von radikalem Gehorsam geprägten Frieden basiert.[3] John Locke geht in seinem politisch-philosophischen Werk *Two Treatises of Government* noch über Hobbes hinaus, indem er sowohl legitime von illegitimen Regierungsformen, als auch legislative von exekutiver Gewalt trennt. Zudem führt Locke auch die durchaus problematische Staatsgewalt der *Prärogative* ein, die als quasi-exekutiv strukturierte Legislative lenkende Vorrechts- und Verfügungsgewalt ausüben kann.[4] Die Prärogative wird zwar in der politischen Praxis und Handlungsweise des Wohlfahrtsausschusses von 1793 wiederzuerkennen sein, doch Lockes vertragstheoretisches Werk findet nicht in den französischen Verfassungsentwürfen, sondern primär in der Unabhängigkeitserklärung der USA seinen wirkungsgeschichtlichen Niederschlag. Charles de Montesquieu differenziert in seinem staatstheoretischen Hauptwerk *Vom Geist der Gesetze* die Gedanken der Gewaltenteilung weiter, indem er seine berühmte Trennung von Legislative, Exekutive und Judikatur vorlegt. Zwar wurde eine solche Dreiteilung der Polis bereits von Aristoteles

---

2 Vgl. Grotius (1950), II, S. 146ff.

3 Vgl. Hobbes (2011), XIII u. XVIII.

4 Vgl. Locke (1967), §§ 144–149, § 159 u. §§ 202ff.

konzipiert, jedoch im Sinne funktionaler staatlicher Körperschaften und nicht im Geiste von einander rechtlich getrennt gegenüberstehenden staatlichen Gewalten.[5] Montesquieu bezieht seine Struktur der rechtlichen Trennung von Gewalten auch noch nicht auf das heutige, republikanische Funktionieren eines Staatsapparates, sondern auf das, seiner Wahrnehmung nach wichtigste der Primärziele, jenes der zu erreichenden gesellschaftlichen Freiheit. Jegliche unvollständige Abgrenzung der drei Staatsgewalten voneinander, führen nach Montesquieu mit Notwendigkeit zu strukturellem Kontrollmangel und leisteten autoritären Tendenzen Vorschub.[6] Ein Befund, der anhand zahlreicher der gegenwärtigen Regierungen und Staaten weltweit nach wie vor empirisch nachweisbar ist.

Am Ende der an Differenziertheit und Vollständigkeit stetig zunehmenden Gesellschaftsverträge stand die Französische Revolution, als welthistorischer Kulminationspunkt, an dem der Begriff des Bürgers jene Fundierung erfuhr, die es ihm ermöglichte, im politischen Zentrum einer epochalen Umwälzung zu stehen: dem Anfang vom Ende absoluter Monarchien. Doch erst im Werk Jean-Jacques Rousseaus gelang eine rechts- und sozialphilosophische Verschmelzung der Begriffe *Freiheit* und *volonté générale*. Sein Gesellschaftsvertrag erzeugt erst durch die Wirkung des *allgemeinen Willens* das gemeinschaftliche Ganze. Rousseau unterscheidet den *allgemeinen Willen* als *gemeinschaftliches Interesse des gesamten Volkes* qualitativ vom *Willen aller*, der lediglich die *Summe aller Einzelinteressen und Einzelbestrebungen* umfasst. Die

---

5 Vgl. Aristoteles (1996), 1298a.

6 Vgl. Montesquieu (1994), XI, Kap. 4 u. 6.

unüberbietbare Qualität des *allgemeinen Willens* besteht in der vollständigen Abbildung des Interesses des sozialen Ganzen und entspricht damit dem Wollen des Souveräns.[7] Erst ab dem Punkt der Absolutsetzung des allgemeinen Willens, *„Der allgemeine Wille ist immer richtig* ...“[8] birgt die freiwillige Unterordnung des Einzelinteresses unter das allgemeine Interesse Gefahren. Der explizit formulierte Zwang zur Freiheit, der den Bürger vor Abhängigkeit zu schützen vorgibt, indem dieser dem Souverän überantwortet ist, stellt die Keimzelle für Entindividualisierung, autoritäre und letztlich totalitäre Repression dar.

Die Überantwortung des Individuums an das Staatsganze ist zwar eine freiwillige, doch sie bleibt eine Unterwerfung des Menschen unter den Zwang des gemeinschaftlichen Gedankens, wodurch die Selbstbestimmtheit des cartesianischen Subjektes auf dem Spiel steht. Des Weiteren entspricht die Überantwortung des Einzelnen an das Gemeinwesen einer entindividualisierenden Entäußerung, die in ihrem gesellschaftlichen Ergebnis einer Entfremdung gleichkommt und damit die Gefahr in sich birgt, von einem monarchischen Absolutismus zu einem kollektiven Totalitarismus zu wechseln. Der Prozess einer *rückhaltlosen Entfremdung und Veräußerung* wird in Gang gesetzt, sobald sich eine Person der Gemeinschaft selbst-veräußernd überantwortet, mit allen Konsequenzen der Aufgabe von Teilen der ursprünglichen Identität und Individualität. Rousseaus *rückhaltlose Entfremdung*, die *„aliénation sans réserve“*[9], wird daher gegenüber dem Begriff der Freiheit vielfach als offener Widerspruch angesehen. In seinem epochalen

---

7 Vgl. Rousseau (1996), II, Kap. 1ff.
8 Ebda., II, Kap. 6.
9 Ebda., I, Kap. 6.

Entwurf des Gesellschaftsvertrages entwickelt Rousseau eine Art von doppelter Bindung des Individuums mit sich selbst, da die Gemeinschaft zum Zeitpunkt seiner Überantwortung noch nicht besteht, sondern in diesem Zuge erst entsteht.[10]

Die Französische Revolution und der Terror der Wohlfahrtslüge

Im *Contrat social* materialisierte sich der *allgemeine Wille* in der politischen Ablösung vom Absolutismus des *ancien régime*. Die problematische Lücke der individuellen Freiheit wurde jedoch erst 1793 durch Immanuel Kants Analyse des Staatsrechts geschlossen.[11] Doch in der Zwischenzeit hatte sich der sogenannte Wohlfahrtsausschuss, unter der Führung von Maximilien de Robespierre, diese Differenz in der politischen Praxis bereits gewaltsam zunutze gemacht. Mithilfe eines Gebildes an Lügen und Drohungen wischte dieser den Charakter von Rousseaus Gesellschaftsvertrag beiseite und verwandelte die freiwillige Überantwortung des Individuums an die Gesellschaft in einen totalitären Zwang unter revolutionärem Deckmantel. Kants Verbindung und Versöhnung des Gedankens der Freiheit mit den gesetzlichen Mechanismen einer Staatsverfassung hatte den Weg nach Frankreich nicht rasch genug gefunden, wurde dort nicht rezipiert und konnte demzufolge auch keinen Beitrag dazu leisten, die Verbrechen des Wohlfahrtsausschusses zu verhindern. Im radikal-republikanischen Totalitarismus robespierrescher Prägung wurde

---

10 Vgl. Sailer-Wlasits (2021), S. 148ff.

11 Vgl. Kant (2020), GW, Bd. VIII, S. 290ff.

die im Contrat social angelegte Gefahr, die in der *rückhaltlosen Überantwortung des Individuums* bestand, schlagend. Der Euphemismus vom sogenannten Wohlfahrtsausschuss, der sich im Laufe der Französischen Revolution vom Hoffnungsträger zum Terrorregime wandelte, führte vor Augen, wie ein durch den *allgemeinen Willen* geprägter und auf diesem fundierender Staat in sämtliche Lebensbereiche, bis hin zur individuellen Religionsausübung, eindrang und diese vollständig kontrollierte.

Ausgerechnet der Wohlfahrtsausschuss, *Comité de salut public*, der ursprünglich mit dem Ziel gegründet worden war, die Effizienz der übrigen, bereits bestehenden Ausschüsse zu verbessern, und der deshalb über Sondervollmachten verfügte, entwickelte sich innerhalb weniger Monate der Jahre 1793–1794 zum neuen Zentrum der Macht. Der *allgemeine Wille* rousseauscher Prägung wurde pervertiert und ging allmählich in den Willen Robespierres über, jenes aus Arras stammenden Anwalts, der den maßgeblichen Einfluss im Wohlfahrtsausschuss ausübte. Robespierre zeichnete auf diese Weise letztverantwortlich für Tausende Hinrichtungen und politische Verfolgungen in der Dimension totalitärer „Säuberungswellen". Als ob machiavellistische Argumentationsstränge vom gestaltenden Zentrum der Revolution Besitz ergriffen hätten, stand die Aufrechterhaltung der republikanischen Strukturen um jeden Preis auch unter dem Lügendeckmantel einer angeblich notwendigen Verteidigung der jungen Republik gegen ihre inneren und äußeren Feinde.

Robespierre ernannte sich selbst zum glühenden Verteidiger der Verfassung und bezeichnete in seinen Reden vor dem Nationalkonvent Ludwig XVI. nicht als Person, die sich eines Verbrechens schuldig gemacht habe, sondern als Rebellen gegen die Republik und als konspirativen Feind der Nation.[12] Im Prozess wurden Adelstitel und Anrede von Ludwig XVI. gegen dessen Abstammungsnamen der Kapetinger, Louis Capet, ausgetauscht. Gegen den Bürger Louis Capet habe sich, so Robespierre, das Führen eines Prozesses erübrigt, dieser könne sich auch nicht auf einen Gesellschaftsvertrag berufen, da er diesen selbst vielfach gebrochen habe; daher müsse er sterben, damit die Nation lebe.[13]

Zu den sprachlich markantesten Wortführern, welche die revolutionären Massen erreichten, zählte auch Antoine de Saint-Just, der die revolutionäre Dynamik zu Hass steigerte, indem er den Prozess gegen Ludwig XVI. nicht mit den Verbrechen der Aristokratie begründete, sondern mit der bloßen Tatsache, dass dieser König gewesen war: „... *die Monarchie bleibt auf ewig ein Verbrechen, gegen das aufzustehen und sich zu bewaffnen jedermann das Recht hat* ...“, denn, so Saint-Just weiter, man könne grundsätzlich „... *nicht König sein, ohne Schuld auf sich zu laden* ...“[14].

Die Redundanz der Argumentation Robespierres, „... *die revolutionäre Regierung ... stützt sich auf das heiligste aller Gesetze, nämlich das Wohl des Volkes, und auf die unbestreitbarste aller Vollmachten, nämlich auf die Notwendigkeit* ...“[15], zeigt die autoritäre Grundhaltung des Wohlfahrtsausschusses. Indem der *Unbestechliche*, wie Robespierre ob seiner unnachgiebigen Haltung vielfach genannt wurde, der von ihm

---

12 Vgl. Robespierre (1971), S. 307ff.

13 Vgl. ebda., S. 315ff.

14 Saint-Just, *Rede vor dem Nationalkonvent zur Verurteilung Ludwig XVI.*, am 13. Nov. 1791, in: Markov (1986), Bd. II, S. 316.

15 Robespierre (1971), S. 565f.

verordneten Tugend den Terror zur Seite stellte, öffnete er der totalitären Praxis Tür und Tor. *„Ohne die Tugend ist der Terror verhängnisvoll, ohne den Terror ist die Tugend machtlos. Der Terror ist also nichts anderes als die unmittelbare, strenge und unbeugsame Gerechtigkeit.“*[16] Der *allgemeine Wille* Rousseaus wurde zum *Grande Terreur* Robespierres pervertiert, zur Schreckensherrschaft mit Tausenden Schnellverfahren und Todesurteilen. Doch der französische *Despotismus der Tugend* blieb auch jenseits der Grenzen nicht unentdeckt.

Georg Wilhelm Friedrich Hegel, der die Verwandlung des *allgemeinen Willens* in eine staatliche Verfassung zunächst aus der Distanz als *„herrlichen Sonnenaufgang“*[17] bezeichnet hatte, fand sein Denken anfangs bestätigt. Endlich, so konstatierte er, habe der Mensch die Wirklichkeit nach seinen Gedanken und Ideen errichtet. Angesichts der totalitären Praxis des Wohlfahrtsausschusses stellte er jedoch enttäuscht fest, dass nur noch die verheerende Gewalt des Verdachtes herrsche; denn *„... die subjektive Tugend, die bloß von der Gesinnung aus regiert, bringt die fürchterlichste Tyrannei mit sich.“*[18]

Obwohl die totalitäre Praxis des Wohlfahrtsausschusses den Diskurs prägte, kann die Französische Revolution dennoch als kultureller Kulminationspunkt des europäischen Sprachverhaltens charakterisiert werden. Sie verhalf dem Wort zur Freiheit, indem sie sich des kollektiven Sprachbewusstseins bemächtigte, um dieses im gleichen Zuge dem aus der Taufe gehobenen *citoyen*, dem neu geschaffenen Bürger, zu überreichen. Die turbulenten Jahre der Revo-

[16] Ebda., S. 594.
[17] Hegel (1999), S. 529.
[18] Ebda., S. 532f.

lution ließen die Sprache mehrfach umschlagen: in neue Wortschöpfungen, in sprachlich pointierte, verbalradikale *Manifeste der Wütenden*[19], wie etwa jenes des politisch radikalisierten Priesters Jacques Roux, und letztlich auch in die Umcodierung von Freiheit und Tugend zum Zweck der Rechtfertigung struktureller staatlicher Gewalt. Nach der totalitären Schreckensherrschaft, unter dem sprachlichen Deckmantel der Verteidigung der jungen Republik, glätteten sich die Revolutionswogen allmählich. Die Begriffe von Freiheit und Gleichheit konnten dadurch jene Bedeutungsräume füllen und beleben, die auch heute noch mit der Französischen Revolution assoziiert werden. Im Fortschreiten des Diskurses wurden Freiheit und Gleichheit zu jenen Begriffen gemäßigt, auf die schließlich zahlreiche der Utopien und Ideologien des 19. und 20. Jahrhunderts aufbauen konnten.

Surrogate der Kriege und Bellizismus im Echo der Aufklärung

Vor diesem gesamteuropäischen Hintergrund der Hoffnung auf Freiheit und Gleichheit sowie der gleichzeitigen gesellschaftspolitischen Realität aus Täuschung und Gewalt, entstanden auch die Bezugnahmen Kants zum Thema der Lüge. 1797 verfasste er eine Abhandlung mit dem Titel *Über ein vermeintes Recht aus Menschenliebe zu lügen*.[20] Der fiktive Sachverhalt, verkürzt ausgedrückt, lautet: Ein Mann, von dem man weiß, dass er ein Mörder ist, verfolgt eine Person, die sich in ein Haus geflüchtet hat. Der

---

19 Vgl. Buchez (1836), Bd. XXVIII, S. 215.

20 Kant (2020), GW, Abt. 1, Bd. VIII, S. 425ff.

Mörder fragt einen vor diesem Haus zufällig anwesenden Dritten, ob die von ihm verfolgte Person sich in jenem Haus verborgen halte. Antwortet der befragte Dritte mit »ja«, bringt er die sich in das Haus geflüchtet habende Person möglicherweise in Lebensgefahr. Antwortet der befragte Dritte mit »nein«, was vermutlich der überwiegenden menschlichen Reaktion entspricht, lügt er. Kant vertritt in diesem fiktiven Dilemma eine klare, wenngleich extrem anmutende moralphilosophische Position, indem er fordert, man müsse in jedem der Fälle strikt bei der Wahrheit bleiben. Denn die Lüge, wäre sie zulässig, schadete der Menschheit an sich, da sie als zugelassenes Unrecht die Rechtsgrundlagen fundamental destabilisierte. Daher müsse man wahrhaftig bleiben, auch wenn man damit das Leben der betreffenden Person potenziell gefährde, da man nur vermuten, jedoch nicht wissen könne, was passieren werde. Wenn der befragte Dritte die Wahrheit sagt und der Mörder daraufhin beispielsweise das Haus betritt, verlässt der Verfolgte das Haus vielleicht gerade in jenem Augenblick durch einen anderen Ausgang und wird gewissermaßen aufgrund von Wahrhaftigkeit gerettet. Wenn die Verpflichtung zur Wahrhaftigkeit *an sich* besteht, dann besteht sie immer und auch ohne Ausnahmen, woraus Kant den allgemeinen Satz ableitet, dass sich das Recht niemals der Politik, sondern immer die Politik dem Recht anzupassen habe.

Zwei Jahre vor dieser Analyse verfasste Kant 1795 seinen philosophischen Entwurf *Zum ewigen Frieden*. Unter dem Eindruck der Französischen Revolution plädierte er für republikanische Verfassungen der Staaten, worunter er primär die Gewaltenteilung verstand und analysierte jene Kriterien, die für das Erlangen und beibehalten des Friedens unverzichtbar schienen. Utopien, die in Teilen bereits verwirklicht waren, teils jedoch noch immer am Beginn ihrer Entwicklung standen. Unter anderem sollten nach Kant stehende Heere im Laufe der Zeit zur Gänze eingestellt werden, die Einmischung von Staaten in die inneren Angelegenheiten anderer Staaten sollte verboten werden. Des Weiteren regte er auch die Gründung eines *Völkerstaates an*, dem immer mehr und zuletzt alle Staaten der Welt als *Weltrepublik*, in der ein sogenanntes *Weltbürgerrecht* Geltung hätte, angehören sollten.[21] In einem Nebenkapitel des Entwurfes findet sich jedoch eine bellizistisch anmutende Passage Kants, in der er den Krieg als mit der menschlichen Natur verbunden beschreibt: dieser scheine „... *auf die menschliche Natur gepfropft zu sein und sogar als etwas Edles, wozu der Mensch durch den Ehrtrieb ... beseelt wird* ...“; und er setzt fort: „... *so dass Kriegsmut ... von unmittelbarem großem Wert zu sein geurteilt wird, und ... mithin in dem Kriege an sich selbst eine innere Würde gesetzt wird, sogar dass ihm auch wohl Philosophen, als einer gewissen Veredelung der Menschheit eine Lobrede halten* ...“.[22]

Ähnlich zukunftsgerichtet, wenngleich mit anderer Schwerpunktsetzung, argumentierte auch Johann Gottlieb Fichte, sowohl in seinen kontroversiellen politischen *Reden an die deutsche Nation*[23], als auch in seiner Jahre später gehaltenen *Rede an seine Hörer*. Fichte, der seine Vorlesung zur Wissenschaftslehre unter dem Eindruck der Napoleonischen Kriege und

---

21 Vgl. Kant (2020), GW, Abt. 1, Bd. VIII, S. 341ff.

22 Kant (2020), GW, Abt. 1, Bd. VIII, S. 365.

23 Fichte (2008), *Reden an die deutsche Nation*. Vorträge von J.G. Fichte im seit Okt. 1806 von französischen Truppen besetzten Berlin, gehalten zwischen Dez. 1807 und März 1808, in der Preußischen Akademie der Wissenschaften.

der Ausrufung der allgemeinen Wehrpflicht Anfang 1813 abbrechen musste, hielt eine Abschiedsrede an seine Hörer. In Anspielung auf die politische Situation und das wiedererstarkte nationale Befreiungsdenken nach dem Fehlschlag von Napoleons Russland-Feldzug, plädiert Fichte darin für die Erweiterung und Vertiefung von Wissenschaft und Bildung, weil „... *dem Reiche des alten Erbfeindes der Menschheit, dem Bösen überhaupt, welcher Feind in verschiedenen Zeitaltern in den verschiedensten Gestaltungen erscheint, durch nichts so sicherer und größerer Abbruch geschieht, als durch die Ausbildung der Wissenschaft im Menschengeschlechte* ...“, worunter er nicht „... *historisches Wissen, sondern die Verwandlung des Wissens, der Vernunft, der Weisheit in das Leben selbst* ...“[24] verstand. Fichte, der von der Notwendigkeit des Befreiungskrieges gegen Napoleon ebenso überzeugt war, wie von der langfristig friedensschaffenden und -erhaltenden Wirkung der Wissenschaft, weiter: „... *Siege, durch diese Waffen* [Anm.: »Waffen« der Wissenschaft und Bildung] *erfochten, erstrecken sich über alle Zeit, indem sie fortdauern durch alle Zeit ... wer einen einzigen lichten und tatbegründenden Gedanken in der Menschheit einheimisch macht, tut dem Feinde größeren Schaden, als ob er hunderttausend Feinde erschlüge; denn er verhindert Millionen, dass sie auf eine gewisse Weise gar nicht feindlich werden können.*“[25]

In seiner Abhandlung *Über den Begriff des wahrhaften Krieges* vertieft Fichte diesen Ansatz auf materialismuskritische Weise. Er leitet die soziopolitische Konstellation von Staaten zunächst von der Vielzahl der Einzelnen und deren Interessen sowie von der

---

[24] Fichte (2018), *Rede an seine Hörer v. 19. Feb. 1813*, GW, Bd. IV, S. 604.

[25] Ebda., S. 604.

Freiheit als höchstem gesellschaftlichen Gut her. Diese gelte es im Sinne des Staatsganzen zu schützen, obwohl „... *in den Tagen der Not, der Verlegenheit und der Verwirrung die Menschen weit schlechter sind als gewöhnlich* ...“[26], womit er den hochgradigen Eigennutzen und mangelnden Altruismus kritisierte.

Obwohl Fichte und andere Philosophen des Deutschen Idealismus ihre starke Betroffenheit durch die Napoleonischen Kriege ausdrücken, werden kriegerische Handlungen und deren Folgen in der Geschichte der Philosophie zumeist nur peripher oder als Anomalien behandelt. Kriege sind gewaltvolle Faktizität in einem „*Gebiet der Gefahr*“[27], doch als Durchbrechen moralischer Begrenzungen stellen diese jeweils nur ethische Abweichungen dar. Sie sind kurze, punktuelle oder auch ausgedehnte, bis zur Ermattung der Kriegsgegner andauernde Anomalien auf dem riesigen, unerschöpflich weiten Territorium der Ethik. Wie man an den Anfängen nahezu aller Angriffskriege und Invasionen der Weltgeschichte nachweisen kann, gehen diese zumeist Hand in Hand mit Vorwänden oder beginnen mit politischen Lügen. Denn die Politik, so bereits Clausewitz in seinem posthum erschienenen Hauptwerk *Vom Kriege*, sei „... *der Schoß, in welchem sich der Krieg entwickelt.*“[28] Denn, so das bekannte Diktum des Kriegshistorikers der Napoleonischen Kriege, „... *der Krieg ist nichts als eine Fortsetzung des politischen Verkehrs mit Einmischung anderer Mittel.*“[29] Kriegshandlungen waren in der Kulturgeschichte stets negative, unangenehme jedoch als unabwendbar erachtete Teile der menschli-

---

26 Vgl. Fichte (2018), GW, Bd. IV, S. 402ff.

27 Clausewitz (2002), S. 683.

28 Ebda., S. 122.

29 Ebda., S. 683.

chen Lebenswirklichkeit, wie Krankheiten und mit diesen verbundene Tode.

Für Hegel, der in seinen rechtsphilosophischen Schriften dem souveränen Staat *Individualität* attestiert, sind unauflösbare Divergenzen mit anderen *Individuen* kaum anders finalisierbar, als durch Kriege.[30] Als Kriegsbefürworter von Kriegen im militärischen Stil des 18. und 19. Jahrhunderts nimmt Hegel eine explizite Gegenposition zu Kants Abhandlung *Zum ewigen Frieden* ein, indem er die Nützlichkeit der disruptiven Effekte von Kriegen hervorhebt: „... *wie die Bewegung der Winde die See vor der Fäulnis bewahrt, in welche sie eine dauernde Ruhe, wie die Völker ein dauernder oder gar ein ewiger Friede versetzen würde.*" Zudem, so Hegel weiter, hätten „... *glückliche Kriege innere Unruhen verhindert und die innere Staatsmacht befestigt ...*"[31].

Aus 1873 stammt die Schrift des damals 27-jährigen Friedrich Nietzsche *Über Wahrheit und Lüge im außermoralischen Sinn*. Es war jene Zeit, in der dieser noch vom Kulturpessimismus Schopenhauers beeindruckt und beeinflusst war und Wagner verehrte. In seiner Abhandlung geht er davon aus, dass der hochmütige Mensch gegenüber vielen anderen, physisch stärkeren Lebewesen nur aufgrund seiner Verstellungskunst überleben konnte: durch Täuschung, systematisches Lügen und Betrug sowie durch sein „*Im-erborgten-Glanze-leben*". Da der Mensch aber in Gemeinschaften existieren will, benötigt er eine Art Friedensschluss mit anderen, eine Konvention des sprachlichen Umgangs und die Einigung auf Bezeichnungen. An diesem Punkt entstünden jedoch bereits

30 Vgl. Hegel (2009), S. 264 (§ 321).
31 Ebda., S. 266 (§ 324).

die ersten Kontraste von Wahrheiten und Lügen. Lügner verwendeten die per Konvention *„gültigen Bezeichnungen, ... um das Unwirkliche als wirklich erscheinen zu lassen.“*[32]

Kriege *„barbarisierten“*, nach den Worten Nietzsches, einerseits als *„Winterschlaf der Kultur“*[33], andererseits hielt er diese auch für *„unentbehrlich“*, denn es sei *„... eitel Schwärmerei ..., von der Menschheit noch viel ... zu erwarten, wenn sie verlernt hat, Kriege zu führen.“*[34] Unterschiedliche Abstufungen von Kriegsbegeisterung sind in den Jahrzehnten bis zum Beginn des Ersten Weltkrieges bei zahlreichen wissenschaftlichen Größen verschiedener Disziplinen auszumachen. Etwa bei Max Weber, der wenige Tage nach Kriegsbeginn, in einem Brief vom 7. Sept. 1914 schrieb, der *„Geist der Truppen ist von strahlender Herrlichkeit“*[35]. Max Scheler verfasste im Herbst 1914 sogar eine philosophische Ehrerbietung an den Krieg, eine kriegsbegeistert-ergriffene, ethisch argumentierende Analyse unter dem Titel, *Der Genius des Krieges und der Deutsche Krieg.*[36] Auch der Neukantianer Paul Natorp bemühte sich in mehreren seiner Abhandlungen zwar um wissenschaftliche Aspekte des Pazifismus und die verschlungenen Wege zum Frieden, gelangte aber 1915 doch zu Formulierungen, die tiefstes Verständnis und Zustimmung für die Notwendigkeit von Kriegen ausdrücken: *„So groß, so ernst sehe ich unsere nationale Zukunftsaufgabe an. Das setzt den Glauben voraus, ... dass unser Tag, der »Tag des Deutschen«, erst kommt. ... Wir spüren das Morgenwehen eines neuen*

---

[32] Nietzsche (1980), GW, Bd. I, S. 877.

[33] Nietzsche (1988), GW, Bd. VII, S. 775.

[34] Ders., Bd. II, S. 311.

[35] Weber (2003), GW, Abt. 2, Bd. VIII, S. 788.

[36] Vgl. Scheler (1915).

Tages nicht bloß für Deutschland, sondern für die Menschheit."[37] Und sogar Martin Buber konnte nicht umhin zu bemerken, dass der ihn weckende Kanonendonner zwischen, wie er vermutete, englischen und deutschen Kriegsschiffen, zwar *„nach allen Seiten Vernichtung war*", aber auch *„Reinigung des Geistes*", die ihn aus seinen eigenen Grenzen riss, wodurch er *„einen Augenblick zerschmettert und befreit*" durchlebte.[38] Ebenso wie Buber verwendete auch Thomas Mann die Bezeichnung *Reinigung* in seinem mit dröhnender Kriegsbegeisterung verfassten Essay *Gedanken im Kriege*, den er wenige Monate nach Kriegsbeginn 1914 veröffentlichte: *„Krieg! Es war Reinigung, Befreiung, was wir empfanden, ... die Siege Deutschlands – mögen sie uns auch die Tränen in die Augen treiben und uns nachts vor Glück nicht schlafen lassen ...*"[39].

Gegenpositionen zu einigen der glühenden literarischen Kriegsbefürworter bezogen nicht nur Karl Kraus mit seinem entlang des Kriegsverlaufes des Ersten Weltkrieges entstandenen Drama *Die letzten Tage der Menschheit*. Auch Thomas Manns Bruder Heinrich zählte zu den entschiedensten Kriegsgegnern unter den deutschsprachigen Schriftstellern der ersten Jahrhunderthälfte. Im Unterschied zu seinem Bruder nahm Heinrich weder vor noch nach dem Ersten Weltkrieg karriereopportunistische Positionen ein, sondern kritisierte sowohl die gesellschaftliche als auch die politische Doppelmoral und wandte sich massiv gegen sämtliche Formen des Autoritarismus. H. Mann, der unmittelbar nach der sogenannten Machtergreifung der Nationalsozialisten 1933 ins Exil

---

[37] Natorp (1915), S. 174.

[38] Buber (2001), Bd. I, S. 277.

[39] Mann, T. (1914), S. 1475.

gezwungen und nach Frankreich ausgewandert war, publizierte dort noch im selben Jahr seine Essaysammlung *Der Hass*, deren deutsche Ausgabe kurz danach in Amsterdam erschien. Darin verurteilte er die totalitäre, kulturfeindliche und rassistische Programmatik der Nationalsozialisten sowie deren führende Exponenten auf das Allerschärfste, die er ob ihres Antisemitismus als hasserfüllte *„triebgebundene Dummköpfe“*[40] bezeichnete: *„Ich habe den alten Macht- und Nationalstaat verlassen, weil sein sittlicher Inhalt ihm ausgetrieben ist. Er erhält sich nur noch in Hass und Verwilderung, und der unsittliche Zwang, den er anwenden muss, ist die Ursache aller Verbrechen, von denen es in ihm wimmelt ... Der nationalistischen Lüge werden die Menschen geopfert. Der nationalistischen Lüge wird das Menschentum geopfert.“*[41] Auch Albert Einstein und Sigmund Freud verwiesen in ihrer kurzen, vonseiten der UNESCO 1932 initiierten, Korrespondenz auf die grundsätzlichen Fragestellungen der Ursachen und künftigen Vermeidungsmöglichkeiten kriegerischen Handelns. Freud sah sich darin veranlasst, auf seine Verwunderung hinzuweisen, dass Kriege trotz des offensichtlichen menschlichen Leids infolge ihrer Zerstörungswucht durch globale Übereinkunft der Menschen noch immer nicht der Vergangenheit angehörten.[42]

Erst im Zuge der neuartigen Kategorie und Größenordnung des unermesslichen Grauens von Weltkriegen sollten Kriege, die bis dahin ähnlich wie deren *„Surrogate“*, von antiken Gladiatorenkämpfen bis zu halsbrecherischen Expeditionen, *„überschüssige Kraft aus Abenteuern und Gefahren aller Art mit nach Hau-*

---

40 Mann, H. (1933), S. 128.

41 Ebda., S. 57f.

42 Vgl. Einstein u. Freud (1953), S. 43.

se"[43] brachten, aus dem Leben der Menschen heraustreten. Denn erst ab dem beginnenden 20. Jahrhundert konnten Kriege nicht mehr als mit Heroischem und Edlem konnotierte Teile einer bedrohlichen Lebenswirklichkeit gelten, sondern nur noch als von außen kommende existenzielle Schwerstbedrohungen aufgefasst werden.

Imperialistischer Kolonialismus: von tödlichen sprachlichen Konstrukten

Die Französische Revolution markierte den Beginn eines langsamen machtpolitischen Sterbens der europäischen Monarchien. Deren Schwächen traten immer deutlicher zutage und wirkten sich dadurch positiv auf den politischen Diskurs aus; die Rede- und Pressfreiheit profitierten davon, ebenso die politische Mitbestimmung, wodurch sich auch die Symmetrie der gesellschaftlichen Anerkennungsverhältnisse verbesserte. Doch im Unterschied zu Europa blieb das Phänomen der Anerkennung in den Kolonien der europäischen Kronländer prekär. Dort blieben die Strukturen der Anerkennungsverhältnisse statisch, sprachlich monodirektional und asymmetrisch. Die zwischen Europa und den von Kolonialismus betroffenen Kontinenten gelebte ökonomisch-politische Differenz endete bis zum heutigen Tag nicht, sodass die Anerkennungsverhältnisse zwischen Europa und Afrika, zwischen Nord- und Südamerika auch im dritten Jahrtausend noch weit von jeglicher Symmetrie entfernt sind.

---

[43] Nietzsche (1988), GW, Bd. II, S. 312.

Die Trias aus Militär, Handel und Ausbeutung hatte – aus Sicht der Kolonialmächte – seit der Entdeckung des amerikanischen Doppelkontinents, und unter Inkaufnahme von teils irreversiblem kulturellem Zerstörungshandeln, „gut“, d.h. gewaltsam und gewinnbringend funktioniert. Ähnlich ertragreich und gewaltvoll gestaltete sich auch der militärisch gestützte Handel mit Asien und den fernöstlichen Kulturen. Nur ein Kontinent schien zu unbekannt und zu arm zu sein, um systematisch ausgebeutet zu werden: Afrika. Historisch als letzter Kontinent von Europa kolonisiert und demgemäß auch zuletzt dekolonisiert. Die nördlichen Küsten waren bereits seit dem Römischen Reich bestens bekannt. Sämtliche Regionen des riesigen Erdteiles waren in unterschiedlichen Schweregraden von den verschiedenen Formen der Sklaverei, des organisierten, gewaltvollen, giergetriebenen Menschenhandels der Europäer betroffen. Ethnien wurden über mehrere Jahrhunderte schwerst in Mitleidenschaft gezogen, doch anstatt deren Situation sukzessive zu verbessern, teilten die europäischen Kolonialmächte im Laufe der letzten Jahrzehnte des 19. Jahrhunderts Afrika de facto vertraglich untereinander auf. Indem diese die afrikanischen Großregionen bilateral und multilateral als Kolonien und wirtschaftliche Einflusssphären definierten und festlegten, vermochten sie deren Ausbeutung voranzutreiben, ohne dadurch Konflikte innerhalb Europas auszulösen. Der *Wettlauf* der alten und einiger neu hinzukommender Kolonialmächte Europas, von der *Times* 1884 als *Scramble for Africa*[44] tituliert, führte zur politischen Aufteilung mit Grenzziehungen am Rande der Willkür und ohne jegliche Rücksichtnahme

[44] Vgl. Reinhard (2016), S. 928.

auf die bestehenden afrikanischen Reiche, deren Lebensräume und bedeutsamen ethnolinguistischen Gruppierungen.

Der imperialistische Kolonialismus erweckte den alten, überkommenen Rassismus, dessen Semantik sich vom antiken Proto-Rassismus und den teils religiös motivierten Formen der mittelalterlichen Rassismen herschrieb, zu neuem Leben. Bis in das 17. Jahrhundert hinein galt die Bezeichnung *Rasse* als gebräuchlicher Terminus technicus für die Tier- und Pflanzenwelt. Und sogar Kant sah sich 1775 bemüßigt, in seinem vorkritischen Werk einen aus heutiger Perspektive haarsträubend rassistischen, vor Gemeinplätzen wimmelnden Aufsatz *Von den verschiedenen Racen der Menschen* zu verfassen. Im Laufe des 18. und 19. Jahrhunderts wurden mit – im Rückblick abstrus und pseudowissenschaftlich anmutenden – Klimatheorien, Abstammungslehren und physiognomischen Typologisierungen mehrere Dutzend sogenannter *menschlicher Rassen* konstruiert. Die darin formulierten Ausgrenzungsthesen dienten dem Zweck, nicht nur den herrschenden, sondern auch den vergangenen Kolonialismus kulturell und politisch zu legitimieren. Zahlreiche dieser rassischen Konstrukte, wie sogenannte *Rassenhierarchien* und ähnliche inhärent verbalradikale „*Vulgärbiologismen*“[45], waren mit Eigenschaften verknüpft, die in weiterer Folge zur sprachlichen Erzeugung kontinentaler Vorstellungen führten. Afrika war ein solches sprachliches Konstrukt, das trotz seiner immensen Heterogenität Bilder eines scheinbar homogenen exotischen Gegenkontinents zu Europa entstehen ließ; Vorstellungen, zu denen auch Reiseberichte und literarische Verar-

[45] Reinhard (2016), S. 930.

beitungen, wie etwa Joseph Conrads *Heart of Darkness* beitrugen.[46] Von dort führte die Praxis des Kolonialdiskurses zur Herausbildung gewaltdurchsetzter sprachlicher Dichotomien, die ihrerseits den Grund für weitere Ausschließung und eskalierende Hasssprache legten: weißer und schwarzer Kontinent, kulturell hochstehend gegenüber rückständigem Naturzustand, zivilisiert, fleißig und überlegen versus primitiv, träge und unterlegen. Derartige Stereotype bildeten die Argumentationsgrundlage, um den vermeintlich kulturbringenden Zivilisationsauftrag in den Kolonien samt angeblichem ökonomischem Fortschritt politisch legitimieren zu können.

Dass Staaten wie Côte d'Ivoire, Elfenbeinküste, in ihrem Namen auch noch im dritten Jahrtausend die koloniale Gier der Vergangenheit eingraviert haben, machen deutlich, woraus die Triebkräfte des Kolonialismus in Afrika bestanden. Machtstreben und Gewinnsucht auf Basis menschenverachtender Skrupellosigkeit, welche die Kolonisierten auf „*sujets*" reduzierte, wie die französische Bezeichnung für die indigene Bevölkerung in AOF und AEF, *Afrique-occidentale et -équatoriale française*, Französisch-West- und -Äquatorialafrika, bis zur Mitte des 20. Jahrhunderts lautete. Nur wenige Jahrzehnte nach der bürgerlichen Französischen Revolution von 1789, bei der der *Citoyen* aus der Taufe gehoben wurde und der demokratisierende Ruf *Freiheit*, *Gleichheit*, *Brüderlichkeit* erschallte, war Frankreich zum kolonialen Wiederholungstäter geworden. Dem *Citoyen français*, dem französischen Bürger standen Millionen an zu verwaltenden, nutz- und ausbeutbaren indigenen *Sujets français*, französischen Untertanen gegenüber. Wie

---

46 Vgl. Conrad (2018).

ein sprachlicher Restbestand aus absolutistischen Zeiten wurde der Euphemismus *Subjekt* tradiert und nach Afrika verlagert, wo den neuen *Sujets français* weder rechtlich noch soziokulturell die Stufe selbstbestimmter Subjekte zuerkannt wurde.

Die späte Dekolonisation Afrikas im Laufe des 20. Jahrhunderts führte in den verschiedenen Regionen des Kontinents zum Aufbrechen ethnisch-kultureller, ökonomischer und machtpolitischer Bruchlinien, die bis dahin vonseiten der Kolonisatoren verdeckt und supprimiert worden waren. Von den Jahrzehnten des blutigen Unabhängigkeitskrieges, etwa jenes der ehemaligen italienischen Kolonie Eritrea gegen Äthiopien, über die inner-äthiopischen Befreiungskämpfe, die Unabhängigkeitskämpfe der Frente Polisario gegen Marokko in der Westsahara – nach dem Rückzug der spanischen Kolonialmacht – bis hin zum rezenten Genozid an der Tutsi-Minderheit in Ruanda, einer zunächst deutschen, danach belgischen Kolonie. Der Ermordung von mutmaßlich weit über 800.000 Menschen, zum allergrößten Teil Angehörige der Tutsi-Minorität, durch Hutu-Milizen waren Jahre der Hassreden in Form konkreter politischer, medial verbreiteter Gewalt- und Vernichtungsaufrufe von extremistischen Hutu-Politikern und -Medien vorausgegangen. Die mittelbaren Ursachen dieses ethnischen Konfliktes wurden bereits während der deutschen Kolonialzeit gelegt. Rassenschemata verstärkten die bestehenden Antagonismen zwischen den Ethnien der als „rassisch überlegenen" Tutsi und jener der Hutu massiv. In den 1970er und 1980er Jahren fielen jedoch auch im benachbarten Burundi an die 200.000 Hutu den Auseinandersetzungen mit und Verfolgungen durch das herrschende Tutsi-Militärregime zum Opfer. 1994 überschritt in Ruanda schließlich die Tat das

Wort. Nach einem tödlichen Attentat auf die Präsidenten Ruandas und Burundis, beide der Ethnie der Hutu angehörig, brach die Gewalt explosionsartig aus. Doch die Weltgemeinschaft sowie der Großteil des nationalen katholischen Klerus, die Bevölkerung Ruandas war zu jener Zeit zu etwa zwei Dritteln katholisch, zogen sich trotz Warnungen aus den Reihen der UNO während des unsäglichen, über drei Monate andauernden Mordens auf eine beschämende, weitgehend inaktive Zuschauerposition zurück.[47]

Auch in Angola ging der Unabhängigkeitskrieg gegen die portugiesische Kolonialmacht in mehrere Abschnitte blutigster Bürgerkriege über. Die langen Schatten des Kolonialismus reichen im südlichen Nachbarland Angolas, Namibia, bis in die Gegenwart. Es ist bemerkenswert, dass der Völkermord der deutschen Kolonialmacht an den Herero und Nama, dem zwischen 1904 und 1908 fast 100.000 Menschen zum Opfer gefallen waren, vonseiten der Bundesregierung Deutschlands erst 2015 erstmals explizit als Kriegsverbrechen und Völkermord bezeichnet wurde. Deutschland sagte 2021 an Namibia *Wiederaufbau-* und *Entwicklungshilfen* in Höhe von 1,1 Mrd. Euro, innerhalb eines Zeitraumes von 30 Jahren, zu. Nicht nur die Verteilung der Gelder über 30 Jahre, sondern auch die kulturelle Verletzung durch den sprachlich vermiedenen Titel *Wiedergutmachung* zählen zu den Hauptgründen für die Nicht-Ratifizierung des Abkommens durch das namibische Parlament.[48]

---

[47] Vgl. u.a. Reinhard (2016), S. 1165ff.

[48] Vgl. Deutscher Bundestag (07/2022), *Die deutsch-namibischen Beziehungen und das sogenannte Versöhnungsabkommen*. 20. Wahlperiode, Drucksache 20/2799, S. 1–8. Berlin: Bundesanzeiger Verl.

Zur Semantik moderner Totalitarismen: Hasssprache zwischen Fanatismus und Demagogie

Wenige Jahrzehnte nach Nietzsches Diktum zu Wahrheit und Lüge postulierte Ludwig Wittgenstein in seinen *Philosophischen Untersuchungen*, dass die Bedeutung eines Wortes dessen Gebrauch in der Sprache sei.[49] Bedeutungsveränderungen und Abweichungen von der Wahrheit, intentionale Lügen und Täuschungen waren und sind nicht nur auf der Ebene von Aussagen und Sätzen, sondern auch auf jener des Wortes möglich. Bezeichnungen, die hinsichtlich ihrer Bedeutung umgewertet werden und in einen anderen Gebrauch treten, erhalten durch Umcodierung einen anderen semantischen Schwerpunkt. Das Lenken des Diskurses mittels umgewerteter politischer Begriffe kann zu konstruktiven und friedlichen Zwecken geschehen oder zu destruktiven, kriegerischen Vorhaben missbraucht werden.

Zu den Begriffen und Bezeichnungen, die politisch umfunktioniert wurden, zählte historisch betrachtet zunächst die sozialistische Terminologie des 19. und beginnenden 20. Jahrhunderts. Zahllose Umwertungen wurden nicht nur in theoretischen Schriften und politischen Programmen, sondern auch in der politischen Praxis vorgenommen: Vom *Klassenkampf* über *Bewusstsein*, *Fortschritt* und *Produktion* bis hin zu *Imperialismus* und *Kulturbrigaden* erfuhren diese und viele weitere Termini substanzielle politische Bedeutungsveränderungen. Viele der ideologischen Begriffe des sozialistischen Zukunftspathos wurden zudem hinsichtlich ihrer Bedeutung erweitert, um sich

[49] Vgl. Wittgenstein (1984), § 43.

damit von der politischen Geschichte der Ausbeutung und Ungleichverteilung von Macht und Ressourcen abzugrenzen. Dabei wurden nicht nur politische Freund-Feind-Gegensätze bemüht, die kommunistischen Sprachregelungen reichten bis zu den Lügengebäuden der stalinistischen Diktatur. Dem Terror der stalinistischen, auf Denunziation, Lüge und Gewalt aufgebauten sogenannten *politischen Säuberungen*, den Schau- und Geheimprozessen sowie der gewaltsamen landwirtschaftlichen Zwangskollektivierung fielen in einem Zeitraum von etwa zwei Jahrzehnten mehrere Millionen Menschen zum Opfer. Von den Verfolgungen und staatlichen Ermordungen waren nicht nur politische Gegner, sondern auch willkürlich als *Volks-* bzw. *Klassenfeinde* bezeichnete oder als *konterrevolutionär* bzw. *politisch unzuverlässig* diffamierte Personen und deren Familien betroffen, ebenso wie ethnische Minderheiten, kirchliche Laien und Kleriker, Wissenschaftler und Künstler.

Die verbalradikale Sprachpraxis in der Politik verlagerte sich ab dem faktischen Ende der europäischen Monarchien sukzessive in die politischen Debatten der noch jungen Demokratien. Doch erst die nationalsozialistischen und stalinistischen Sonderdeformationen der Sprache spalteten den Verbalradikalismus: in eine laute, brüllende Variante der Polit-Propaganda und fanatischen Hetzreden sowie in eine kaum vernehmbare, perfide Variante, die sich in die Alltagssprache von Millionen einschlich. In Form von Tausenden umcodierten Wörtern durchsetzte der Verbalradikalismus die Sprache des Alltags, nahezu subkutan. Neben dem lauten, appellativen Diskursstrang formierte sich auch jener sprachliche Ungeist, dessen Restbestände noch im 21. Jahrhundert vielerorts zu vernehmen sind.

Die bis heute mit Abstand größte Sprachkatastrophe in der Kulturgeschichte der Menschheit ist die Sprache *im* bzw. die Sprache *des* Nationalsozialismus.[50] Die sprachliche Deformation nahm die Formen des Appells, der demagogischen Propagandaschlacht, der Umcodierung des öffentlichen Diskurses und der verbalen Gleichschaltung der Presse an. Aus barbarischen Anschauungen wurden auf gewaltsame Weise Begriffe und aus diesen wiederum Bezeichnungen geformt, die inhumanen und zutiefst verrohten Vorstellungen entsprachen. Wörter, die wirkten, als wären sie *Wörterbüchern von Unmenschen*[51] entsprungen, repräsentierten diese Vorstellungen. Die nationalsozialistische Hasssprache enthielt nicht einfach nur Sprachentgleisungen, wie sie bis dahin aus der Antike, den Kreuzzügen oder den kolonialistischen Auswüchsen bekannt waren. Die spezifisch nationalsozialistische Verseuchung und Vergiftung der Sprache verteilte ihr zutiefst toxisches Hasspotenzial auf sämtlichen diskursiven Ebenen der Gesellschaft und wie eine Folie lag die systematische Lüge hinter den Texten. Eine Folie der permanenten superlativischen Ausdrucksweise, der ins Monumentale gesteigerten Sprache und eines geradezu religiösen Führerkults, eingebettet in eine durchdringende kolossalhorrende Gesamtinszenierung. Sämtliche Massenkundgebungen, Parteiveranstaltungen und Festreden und insbesondere jene, an denen Goebbels und Hitler teilnahmen und auftraten, enthielten sowohl theatrale als auch rituelle Elemente sowie eine missbräuchlich nutzbar gemachte, schlechthin liturgische Dynamik.

---

50 Vgl. Sailer-Wlasits (2021), S. 209ff.
51 Vgl. Sternberger et al. (1989).

Das inszenierte Wechselspiel des Vorsprechens der Parteiführer und die rhetorisch gelenkten Antworten der Masse steigerten sich bei NS-Massenveranstaltungen zu einer Art des gemeinsamen, religiös-narkotischen Lügen- und Begeisterungstaumels.[52] Der bis zur Ekstase gesteigerte Führerkult schien eine gefestigte Beziehung zwischen Masse und Führer darzustellen und war in Wirklichkeit doch nur Täuschung durch Inszenierung. Eine unablässige propagandistische Wiederholung von Lügen, um die Unwahrheit gewaltsam an die Wahrheit heranzuführen. Die Sprache *des* und die Sprache *im* Nationalsozialismus wurden in die Rücksichtslosigkeit des totalitären Sagens transformiert. Indem das Appellative keine Widerrede duldete, wurde die Sprache des Humanen zunächst verletzt und letztendlich zerschlagen. Auch die Gleichschaltung, d.h. die Unterwerfung der Presse unter die Kontrolle des Propagandaministeriums, war nicht wie in der Sowjetunion im Laufe von Jahrzehnten gewachsen, sondern wurde ab 1933 innerhalb weniger Monate vollstreckt. Zur komprimierten, appellativen Hassrede, zur *„phraséologie misérable"* hielt Emmanuel Lévinas am Vorabend der Machtergreifung unter dem Titel *Hitlérisme* fest: *„... die elementare Gewalt, mit der die in ihr gärenden primitiven Kräfte plötzlich zum Ausdruck kommen, bringt mit einem Schlag auch ihre ganze erbärmliche Phrasenhaftigkeit zum Ausdruck.*"[53]

Zwischen den Hassreden nationalsozialistischer und stalinistischer Provenienz bestanden im ideologischen Überbau strukturelle Unterschiede. Die Hassrede *des* und *im* Stalinismus verfügte über einen im ursprünglichen Sinne politisch-ideologischen Bezugs-

---

52 Vgl. Sailer-Wlasits (2021), S. 223.
53 Lévinas (1934), S. 199.

rahmen. Die Herleitung ihrer verbalradikalen Propagandakomposita aus den theoretischen Arbeiten von Marx, Engels, Lenin und anderen ermöglichte dieser sogar eine sprachliche Einbettung durch ein sich Berufenkönnen auf Autoritäten und unhintergehbare Prämissen; von der Revolution der Arbeiterklasse über das Ziel einer klassenlosen Gesellschaft bis hin zur niemals irrenden Partei. Vergleichbare ideologische Fundamente, wie jene des Marxismus-Leninismus, fehlten im Nationalsozialismus, der außer einer synkretistischen und heterogenen völkischen Bewegung über keinen substanziellen ideologischen Überbau verfügte. Doch der Leerraum wurde sprachlich gefüllt; im historisch betrachtet kurzen Zeitraum von 1930 bis 1945 entstanden zwei miteinander verbundene Diskursebenen. Jene der fanatisch-hysterischen Hetzreden und jene, in der Teile des rassistischen Gebrülls der Spitzenpolitik zur Alltagssprache transformiert und zur *Lingua franca* von Millionen an Mitläufern und Karriereopportunisten wurde. Der perfide Alltags-Verbalradikalismus besaß andersartige Merkmale und damit eine andere Klientel an Sprachtätern. Diese waren nicht die brüllenden Gleichgeschalteten der NS-Veranstaltungen, sondern die riesige Masse der Nicht-Exponierten, der bagatellisierenden Gleichgültigen, der opportunistisch-angepassten Mitläufer.

In einem Aufsatz aus 1953 erwähnte Hannah Arendt ein weiteres, aus Sicht des Totalitarismus idealtypisches Profil angepasster Menschen: „*The ideal subject of totalitarian rule is not the convinced Nazi or the convinced Communist, but people for whom the distinction between fact and fiction ... and the distinction between true and false ... no longer exist.*“[54] Eine gesell-

[54] Arendt (1953), S. 321.

schaftliche Mehrheit, die über eine derartige Disposition verfüge, schwäche den Totalitarismus nicht in ausreichender Weise. Für das Aufrechterhalten von Trugbildern nütze es Diktaturen wie dem Nationalsozialismus kriegsführend, oder, wie das Konzept der *permanenten Revolution* Trotzkis dies insinuierte, in *ununterbrochener revolutionärer Dynamik* zu verbleiben.[55]

Die Komplexität der Welt wurde zu Phrasen reduziert und dadurch massentauglich gemacht. Dem Befund Arthur Schopenhauers, das Volk sei ein *„ewig unmündiger Souverän“*[56], der wie alle Unmündigen sehr leicht zum Spielball verbrecherisch veranlagter Demagogen werde und daher vor diesen geschützt werden müsse, ist moralisch nichts entgegenzusetzen; allein das sogenannte Volk existiert nicht, weder als homogenes Gebilde noch als gleichartig reagierende Gesellschaft.

Kriege, Märtyrer und Zeugen: Wissen aus erster und zweiter Hand

Wenn seit den frühesten Epochen der Menschheitsgeschichte sicheres, unanfechtbares Wissen hinsichtlich konkreter Begebenheiten gewonnen werden sollte, wurde zunächst nach Augen- und Ohrenzeugen gesucht. Die unmittelbare leibliche Anwesenheit und das durch diese gewährleistete sensorische Wahrnehmen waren und sind auch heute noch für das Bewerten vergangener Ereignisse von höchster Relevanz. Zeugnisse bringen die Dinge nicht unmittelbar in die

---

55 Vgl. Arendt (1991), S. 610ff.

56 Schopenhauer (1999), Bd. II, § 127.

Erscheinung, sondern sind Bezugnahmen und besondere Arten des verbalen Verweisens, die dazu beitragen, die Vergangenheit beliebig oft rekonstruieren zu können. Doch Zeugnisse repräsentieren gleichzeitig *uneigentliches Wissen*, von anderen *übernommene Wissensbestände*, die wir *nicht selbst erdacht* haben.[57] Deshalb stellen Bezeugungen stets Herausforderungen dar, da diese die Anschauung zunächst in der Möglichkeit halten, bevor sie in unsere je eigene Erkenntniserzeugung übergehen und auf diese Weise zu einer verlässlichen und damit annehmbaren Wirklichkeit des historisch-reflexiven „*so war es*" werden.[58]

Was bezeugten Zeugen in der Geschichte und in welcher Form ist das zu Bezeugende durch diese hindurchgegangen, sodass sie zu Zeugen werden konnten? In den neutestamentlichen Schriften waren die Märtyrer, vom altgriechischen *mártys* bzw. *martyrein*, die *bekennenden Wort-* bzw. *Glaubenszeugen* der Verkündigung und Offenbarung. Nach der apostolischen Frühzeit der Kirche und während der ersten Christenverfolgungen im Römischen Reich überantworteten die Märtyrer sich physisch, um sich geistig *nicht* überantworten zu müssen. Für ihre Ideen und Bezeugungen zu sterben entsprach einem Tausch, den sie individuell, vielfach ernst und feierlich absolvierten. Daher waren sie auch niemals Glaubenssieger in einem Glaubenswettstreit, wie die christlich-katholische Terminologie des ersten Jahrtausends dies zu insinuieren versuchte. Um deren Martyrium zu überliefern, bedurfte es vielfach eines weiteren Zeugen, lat. *testis*, der ihren menschlichen Opfertod bezeugte, sprachlich weitergab und dadurch lebendig hielt. Auf den

---

57 Vgl. Coady (1992), S. 81f.

58 Vgl. Sailer-Wlasits (2020), S. 41ff.

wirkmächtigen Bezeugungen und sinnstiftenden Narrativen von Märtyrertoden gründen zahlreiche Religionsgemeinschaften und deren Liturgien.

Für viele autoritäre und totalitäre Regierungsformen aller Epochen waren Zeugen zum einen wichtig, zum anderen jedoch auch eine gefährliche diskursive Bedrohung, derer man sich stets entledigen wollte. In der bislang größten aller verbrecherisch und systematisch begangenen Menschheitskatastrophen, der singulären *Shoah*, wurde vonseiten der NS-Täter der beständige Versuch unternommen, Wissen, Erinnerung und Zeugenschaft auszulöschen. Die Tilgung des Andenkens wurde zu systematischer Zeugen-Beseitigung, da die NS-Schergen Zeugen als gefährliche temporäre Geheimnisträger ansahen. Paul Celans „*Niemand zeugt für den Zeugen*" bringt jenes Erschrecken zum Ausdruck, das angesichts des Versuchs einherging, ein „*Ereignis ohne Zeugen*"[59] herbeizuführen. Überlebende der *Shoah* wurden zu Zeugen des unfassbaren Menschenmordens in den NS-Vernichtungslagern, unter ihnen der Schriftsteller Primo Levi. Seine gewichtigen und unmittelbaren Bezeugungen schildern das Durchleben der Alltagshölle von Auschwitz-Monowitz, mit dem physischen und psychischen Begegnenmüssen von schrankenloser Gewalt und willkürlicher Ermordung.

In seiner Verdichtung und Radikalisierung des Zeugenbegriffes attestiert Levi sich und anderen Zeugen der NS-Verbrechen, dass bereits das bloße Faktum des Zeugnis-ablegen-Könnens auf die höchst privilegierte Position eines Überlebenden verweist. Doch die eigentlichen, *originären* Zeugen der NS-

---

[59] Celan (2003), S. 198. Anm.: Die Wendung *event without a witness* wurde von D. Laub geprägt, vgl. Laub (1992).

Gräuel seien die in den Vernichtungslagern Ermordeten: *„Nicht wir, die Überlebenden, sind die wirklichen Zeugen. Das ist eine unbequeme Einsicht ... Wir Überlebenden sind nicht nur eine verschwindend kleine, sondern auch eine anomale Minderheit: Wir sind die, die aufgrund von Pflichtverletzung, aufgrund ihrer Geschicklichkeit oder ihres Glücks den tiefsten Punkt des Abgrunds nicht berührt haben. Wer ihn berührt, wer das Haupt der Medusa erblickt hat, konnte nicht mehr zurückkehren, um zu berichten, oder er ist stumm geworden.“*[60] In seiner scharfen Trennung des *Untergehens* und *Überlebens* attestiert Levi in Anlehnung an Platon nur den physisch *Untergegangenen*, hinsichtlich des Wesens von Leid und des abgründigen Bösen tiefstes Wissen zu haben, da nur jenen das vollständige Erfahrungswissen in seiner Gänze zuteilwurde. Die *Überlebenden* hingegen sollten Zeugnis ablegen, sooft ihnen dies möglich wäre und sich damit auf ihre Zeugenschaft in einem funktionalen Sinne beschränken.[61]

Im Sprechakt des Bezeugens entsteht stets eine unmerkliche, nonverbale Pause, in der der Diskurs zum Stehen gebracht wird und das Gelöbnis des Zeugen als *Schwören* und *Zusagen* auf das erlösende *Beipflichten* des Adressaten wartet.[62] Dieses Beipflichten ist das Ergebnis einer davor vollzogenen *Schenkung von Vertrauen*, die als antizipatorische Haltung und *„riskante Vorleistung“*[63] einem Gegenüber entgegengebracht wurde. Das *Vertrauenschenken* als eine im Voraus erbrachte Sprachhandlung dient dazu, sich der Annahme eines *Testimoniums* anzunähern. An dieser

---

60 Levi 1990, S. 83.

61 Vgl. Levi u. De Benedetti (2017), S. 46ff.; vgl. Sailer-Wlasits (2020), S. 60ff.

62 Vgl. Ricœur 2004, S. 250ff.

63 Luhmann 2000, S. 27.

Weggabelung trennen sich *Vertrauende* von *Hoffenden*, welche ohne „*Innenfundierung*" und trotz Unsicherheit Zuversicht im Bezug auf Bezeugtes fassen oder fassen möchten.[64]

In der ubiquitären digitalen Welt des 21. Jahrhunderts sind nahezu alle Menschen gesellschaftspolitische und kulturelle Zeugen, an beinahe jedem Ort der Erde und fast in Echtzeit. Zwar stellen übertragene Bilder nur wiederholbare Repräsentationen von Wirklichkeit dar und lösen im Vergleich zur unmittelbaren Erfahrung geringere Niveaus und andere Formen von Betroffenheit aus. Doch phänomenologisch betrachtet konfrontieren auch übertragene Bilder ihre Rezipienten mit demselben Gegenstand, wenn auch nicht auf die gleiche direkte Weise wie die Menschen vor Ort. Digitale Zeugen sind mehr als nur Empfänger von *second-hand knowledge*[65], denn die digitale Gleichzeitigkeit zwingt die gesamte Welt in den Zeugenstand, indem Bilder von knapp Überlebenden, von Ermordeten und Gewaltopfern aller Art in eine erschreckende Distanzlosigkeit der unmittelbaren Realität gezogen werden.

Dennoch bleiben Hunderte Millionen Menschen tendenziell unbeteiligt. Statt betroffene Zeugen zu werden, bleiben viele nur Zuschauer dieser fortwährenden Katastrophe in hoher Auflösung. Doch Schweigen und den Blick wenden, wo der Aufschrei Pflichtsache wäre, siedelte immer schon in der Nähe des Vergehens, wie bereits Papst Bonifatius VIII., im *Liber Sextus* seiner kanonischen Rechtssammlung, im Jahre 1298 festhielt: „*Wer schweigt, scheint zuzustim-*

64 Vgl. Luhmann 2000, S. 29ff.
65 Vgl. Fricker (2006), S. 592.

men, wo er sprechen hätte können und müssen.“[66] Negative Begebenheiten, die sich in unserer Gegenwart ereignen, müssen bezeugt werden; eine schwierige und konfliktreiche Aufgabe, die etwa auch der russischen Geschichtsschreibung der kommenden Jahrzehnte bevorsteht. Denn der kulturgeschichtliche Wert des Bezeugens liegt in seinem Versprechen, dem ethischen Anspruch pro futuro gerecht zu werden, da jede Geschichte erst von ihrem Endpunkt aus in ihrer Totalität wahrgenommen werden kann.[67] Daher bedeutete das *Verwerfen von Bezeugtem* immer schon Macht auszuüben, eine Wissenspraxis gewaltsam abzuändern und in der Geschichte des Wissens ein modifiziertes Narrativ zu etablieren. Über den Zeugen und dessen Bekenntnis hinweg können in der digitalen Welt Spuren verwischt werden, indem jeder Anfang und jeder Ursprung milliardenfach überschrieben wird, wie in einem unendlichen digitalen Palimpsest.

Lügen und Täuschen: zur Rechtfertigung von Angriffskriegen

Von der Antike über das Mittelalter und die Neuzeit bis hin zu den *„realisierten Gewaltandrohungen“*[68] in Form von Angriffskriegen und Invasionen des 21. Jahrhunderts gilt: deren Rechtfertigungen beginnen oftmals mit rhetorisch in Vorwände verpackten Lügen. Die über Jahrhunderte in zahllosen Abwandlungen immer wieder auflebende Sentenz, gemäß welcher die *Wahrheit stets das erste Kriegsopfer* sei, trifft

---

[66] Bonifatius VIII. (1481). *Liber sextus decretalium*, c. V, 11. Speyer: Drach.

[67] Vgl. Sailer-Wlasits (2020), S. 45ff.

[68] Weber (1988), Bd. I, S. 548.

sowohl auf deren Vorbereitung und Durchführung zu, als auch auf die begleitende Kriegsberichterstattung und -propaganda. Die Metapher *Kriegstheater*, das *theatrum belli*, jene neuzeitliche bis Clausewitz gebräuchliche Bezeichnung für Kriegsschauplätze und Kampfhandlungen, deutet bereits darauf hin, wie die Semantik der Berichterstattung jener der theatralen Inszenierungen folgte.[69] Elemente des Theaters wurden metaphorisch auf den Krieg übertragen, sodass in der Reportage und Propaganda die Schlachtfelder mit Bühnen und die Kämpfenden sowie Sterbenden mit Akteuren auf diesen assoziierbar wurden.

Wie in der griechischen Tragödie gab es auch in der Beschreibung von Schlachten und Kriegen Episoden und Handlungsstränge sowie Peripetien, jene plötzlichen Wendungen zum Sieg oder zur endgültigen Katastrophe. Die metaphorisch aufgeladene Sprache der Kriegsreportage und -propaganda wurde seit der Neuzeit immer intensiver durch Bilder unterstützt. Der Bogen reichte anfangs von den politisch höchst wirksamen, bildreichen Flugblättern des Dreißigjährigen Krieges, mit deren überhöhten Stilisierungen Gustav Adolfs zu heilsgeschichtlicher Größe, bis zur intensiven politisch-militärischen Vermarktung und Inszenierung Napoleons zum Mythos und Idealtypus des neuzeitlichen Feldherren. Zu Beginn des Ersten Weltkrieges wurde in Wien bereits ein eigenes Propagandabüro gegründet, das sogenannte *k.u.k-Kriegspressequartier*, eine Koordinationsstelle für Kriegspropaganda und Pressearbeit, mit Hunderten Mitarbeitern, u.a. aus den Bereichen Journalismus und bildende Kunst. Von den teils kompilierten und bearbeiteten, teils gefälschten Kriegsfotos aus dem

69 Vgl. Clausewitz (2002), S. 276.

Ersten Weltkrieg entwickelte sich die Kriegspropaganda bis hin zum digitalen Variantenreichtum tendenziöser, suggestiver Bildsprache der kriegsdurchsetzten globalen Gegenwart.

Als sogenannte *false-flag-Operation*, als Täuschungsmanöver mit Decknamen *Unternehmen Tannenberg*, trat die Lüge auch zu Beginn des Zweiten Weltkriegs in Erscheinung. Mehrere fingierte, vonseiten der SS inszenierte Grenzverletzungen sowie der durchgeführte „Angriff" vorgeblicher polnischer Freischärler auf den deutschen Rundfunksender Gleiwitz, am 31. August 1939, dienten als propagandistischer Vorwand für den am nächsten Tag beginnenden Angriff der deutschen Wehrmacht auf Polen, den Beginn des Zweiten Weltkrieges.[70] Die vorsätzliche Lüge Adolf Hitlers ist stenografischen Aufzeichnungen seiner Rede auf dem Obersalzberg zu entnehmen, die dieser vor etwa 50 Generälen und höchsten Wehrmachtsoffizieren, am 22. August 1939, im Arbeitszimmer seines Berghofs hielt: *„Ich werde propagandistischen Anlass zur Auslösung des Krieges geben, gleichgültig, ob glaubhaft. Der Sieger wird später nicht danach gefragt, ob er die Wahrheit gesagt hat oder nicht."*[71]

Nur wenige Monate nach Kriegsbeginn des Zweiten Weltkrieges erfolgte bereits im November 1939 die Inszenierung eines weiteren *casus belli*, jenes der Sowjetunion gegenüber Finnland. Diese *false-flag-Operation* bestand in der Bombardierung des sowjetischen Grenzortes Mainila von sowjetischer Seite aus, mit der Lüge, finnische Artillerie habe russische Trup-

70 Vgl. Runzheimer (1962), S. 408ff.

71 Stenografische Aufzeichnung der Rede A. Hitlers v. 22.08.1939 durch den anwesenden Admiral W. Canaris, in: Nürnberger Prozess (1947), Bd. XXVI, Dok. 1014-PS, S. 523. Nürnberg: International Military Tribunal

pen angegriffen. Mit dieser Kriegslüge sollte der Zweck, die nachfolgende, längst geplante Invasion Finnlands legitimiert werden. Der sogenannte Winterkrieg begann wenige Tage später mit dem Einmarsch der Sowjetunion in Finnland und dauerte, aufgrund der erfolgreichen finnischen Verteidigung gegen eine immer erdrückender werdende sowjetische Übermacht, knapp vier Monate. Dennoch musste Finnland in den nachfolgenden Friedensverhandlungen große Gebiete an die Sowjetunion abtreten, behielt jedoch seine Souveränität.[72]

Für die meisten aller historischen und gegenwärtigen – sowjetischen bzw. russischen sowie US-amerikanischen – Formen der Invasionen und Angriffskriege gilt, was Jean Jaurès bereits in einer Parlamentsrede 1895 konstatierte: *„Der Imperialismus trägt den Krieg in sich wie die ziehende Wolke den Gewittersturm.“*[73] Auch der sogenannte *Tonkin-Zwischenfall* vor der Küste des ehemaligen Nordvietnam wurde vonseiten der US-Administration im Sommer 1964 als Vorwand benutzt, um eine Resolution des Kongresses sowie die Kriegsbereitschaft der US-amerikanischen Bevölkerung für das militärische Eingreifen in Vietnam zu erwirken. Das Etablieren einer Lüge, in Form des Aufrechterhaltens von Falschdarstellungen hinsichtlich eines angeblichen militärischen Zwischenfalls, diente der US-Regierung unter Präsident Johnson und Verteidigungsminister McNamara als hinreichender Grund für den bereits von langer Hand geplanten Kriegseintritt gegen Nordvietnam, wie den 1971 erstmals in Teilen und 2011 zur Gänze

[72] Vgl. Trotter (2000), S. 62ff.

[73] Jaurès (1959), S. 88. (Übers. d. A.).

veröffentlichten *Pentagon-Papers* zu entnehmen ist.[74] Die angeblichen Angriffe vietnamesischer Schnellboote auf den US-amerikanischen Zerstörer Maddox, im vor der Küste Nordvietnams gelegenen Golf von Tonkin, vom 2. und 4. August 1964, hatten in der vonseiten der US-Administration dargestellten Form niemals stattgefunden. Die Veröffentlichung der *Pentagon-Papers* trug substanziell zur Beendigung des an zivilen und militärischen Opfern überaus verlustreichen und von schwersten Folgeschäden belasteten Vietnamkrieges bei.[75]

Die Entscheidung zur 2003 erfolgten Invasion des Irak durch die USA, dem sog. Dritten Golfkrieg, unter der Administration G. W. Bush, basierte hingegen primär auf der Unwahrheit einer angeblich wachsenden internationalen Bedrohung durch irakische Massenvernichtungswaffen samt unterstellten Verbindungen zum Terror-Netzwerk Al-Qaida. Weder konnten unabhängige internationale Untersuchungen relevante, substanzielle Verbindungen des Irak zu Al-Qaida nachweisen, noch konnten ABC-Waffen – deren Bauteile davor von westlichen Staaten geliefert aber bereits gegen Ende der 1990er Jahre fast vollständig vernichtet worden waren – gefunden werden. Im Unterschied zu den frühen 1990er Jahren stellte der diktatorisch regierte Irak daher ein Jahrzehnt später, übereinstimmenden regionalen und internationalen Berichten zufolge, keine ernst zu nehmende überregionale militärische Bedrohung mehr dar. Um den-

---

[74] Der offizielle Titel der nunmehr veröffentlichten *Pentagon-Papers* lautet *Report of the Office of the Secretary of Defense Vietnam Task Force*. Diese wurden von Verteidigungsminister R. McNamara 1967 als geheime Studie in Auftrag gegeben.

[75] Vgl. Karnow, S. (1997).

noch einen Regimewechsel im Irak herbeizuführen, wurden die US-amerikanische und die internationale Öffentlichkeit systematisch belogen, indem mithilfe massiver manipulativer Öffentlichkeitsarbeit die Legitimation für einen *casus belli* konstruiert wurde. Die mittels Falschinformationen konstruierten Legitimationen dienten nach „9/11" dazu, dass die Regierung nicht *gegen* den Willen der eigenen Bevölkerung einen Angriffskrieg führen musste, sondern mit dieser agieren konnte. Eine angebliche, weiterhin bestehende Gefahr durch irakische Massenvernichtungswaffen wurde bewusst, teils auf Grundlage alter, längst überholter Geheimdienstdossiers, fingiert und drastisch überhöht. An den direkten und indirekten Folgen des Irakkrieges und dessen tektonischen Verschiebungen der machtpolitischen und wirtschaftlichen Einflusssphären im Mittleren Osten starben internationalen Studien zufolge mehrere Hunderttausend Menschen.[76]

Was für Vietnam und den Irak zutraf, gilt auch für den 2022 entstandenen Kriegsschauplatz Ukraine. Dieser erinnert an die Worte Wolfgang Borcherts: *„Die Straße stinkt nach Blut. Hier haben sie die Wahrheit massakriert."*[77] Die Anerkennung der Unabhängigkeit der im Osten der Ukraine liegenden, vonseiten prorussischer Separatisten proklamierten Volksrepubliken Donezk und Lugansk durch Russland sowie die mit diesen abgeschlossenen Beistandsverträge, dienten Russland im Februar 2022 als Vorwand für eine militärische Invasion der Ukraine, bisher ohne absehbares Ende. Der sich ab etwa 2004 allmählich und ab 2013 verstärkt an die EU annähernden Ukraine wurde von russischer Seite, neben zahlreichen anderen kon-

---

[76] Vgl. Schuessler (2015), S. 93ff.; vgl. Blix (2004), S. 88ff.; vgl. Tripp (2007), S. 271ff.

[77] Borchert (1964), S. 36.

struierten Vorwürfen, u.a. die Bedrohung der separatistischen, selbstproklamierten östlichen Volksrepubliken unterstellt. Eine der ab Kriegsbeginn zu beobachtenden alarmierenden Entwicklungen in Russland stellte die Rückkehr zu strenger Zensur und Sprachregelung innerhalb des innerstaatlichen politischen Diskurses dar. Russischen Medien wurde u.a. vonseiten der staatlichen Medienaufsichtsbehörde untersagt, Wörter wie *Krieg* oder *Invasion* in deren Berichterstattung zu gebrauchen. Stattdessen wurden russische Medien dazu verpflichtet, die euphemistisch-bagatellisierende Bezeichnung *Spezialoperation* zur Beschreibung eines massiven Angriffskrieges zu verwenden, welcher der Intention nach sogar alle Kriterien der Invasion einer Kolonialmacht erfüllte.

Dergestalt waren auch die Zielsetzungen der meisten Angriffskriege während der Antike: Expansion, Beraubung und Unterwerfung, in verschiedenen motivischen Zusammensetzungen. Offiziell begannen viele dieser Kriege mit Verteidigungslügen in sämtlichen Spielformen und Schattierungen von Unwahrheiten. Wie in einem *ius post bellum* sollte auch die Ukraine, nach ihrer vielfach von russischer Seite geforderten Kapitulation, unter anderen, neuen Prämissen, jedoch ähnlich wie in der Vergangenheit, zu einer Art von russischer „Kolonie" degradiert werden. Der an die totalitären Zeiten der Sowjetunion erinnernde menschenverachtende Euphemismus *Spezialoperation* kann zwar auch als Kritik an der bis dato mangelhaften ukrainischen Aufarbeitung der fatalen Kooperation ukrainischer Nationalisten mit der deutschen Wehrmacht, samt Beteiligung an Kriegsverbrechen während des Zweiten Weltkriegs gelesen werden.[78] Dennoch rechtfertigt dieser Vorwurf ungenügender historischer Aufarbeitung in keinem denkbaren Fall Kriegshandlungen, die innerhalb der ersten fünf Monate bereits Zehntausende zivile und militärische Todesopfer forderten sowie über sechs Millionen Flüchtlinge und über sieben Millionen Binnenflüchtlinge nach sich zogen.[79] Weder Charles E. Callwells Definition von *small wars* noch der Zynismus *Spezialoperation* sind für die monströse Dimension des russischen Angriffskrieges auch nur ansatzweise zutreffend.[80] Die brachiale Steuerung politischer Narrative mittels Desinformation und Sprachregelung diente und dient zwar der laufenden russischen Kriegspropaganda, doch es ist aus der Geschichte zahlloser Invasionen und Angriffskriege bekannt, dass Lügen, Täuschungen und gewaltsam in den politischen Diskurs gezwängte Narrative über keine signifikante historische Haltbarkeit verfügen.

Manche der bellizistischen Vorwände und Lügen gründen auf Hass, andere verstärken den bereits vorhandenen Hass. Auch hinsichtlich dieser Prämisse

---

78 Vgl. Müller (2010), S. 153ff. Zahlreiche osteuropäische Nationalisten, unter ihnen auch gemäßigte und radikale ukrainische, kämpften vor, während und nach dem Zweiten Weltkrieg gegen die Unterdrückung während des Stalinismus. Dabei gingen sowohl gemäßigte als auch radikale ukrainische Nationalisten fatale Bündnisse mit der deutschen Wehrmacht ein und beteiligten sich nicht nur am nationalsozialistischen Russland-Feldzug, sondern auch an der, während der letzten beiden Kriegsjahre in Polen eingesetzten sogenannten „galizischen“ 14. Waffen-Grenadier-Division der SS.

79 Quelle: UNHCR, Stand Juni 2022.

80 Vgl. Callwell (1996), S. 21ff.; vgl. Clausewitz (2002), S. 529ff.; vgl. Ewald (1785), S. 18ff.

scheint kein nennenswerter zivilisatorischer Fortschritt zu existieren. „*Jede Kriegsführung gründet auf Täuschung*“, ist ein zweieinhalb Jahrtausende alter Kerngedanke des chinesischen Generals und psychologisch sowie naturphilosophisch interessierten Militärstrategen *Sunzi*. Dieser Befund stammt aus der sogenannten *Achsenzeit*, jener Epoche, während der im antiken Griechenland die Vorsokratiker aufstanden.[81] Sunzis Aussagen zielen zwar primär auf die strategische Kriegsführung ab, deren Gültigkeit lässt sich jedoch auch auf das zeitliche Vorfeld eines Krieges beziehen. Lügen und Täuschungen sind jene informationelle Basis, welche in der Art von Vektoren die Richtung des Denkens im Vorfeld von Gewalt begleiten und beeinflussen. Hass hingegen ist der auf dem menschlichen Destruktionstrieb gründende Treibstoff und damit Grundlage für die Zunahme der Beschleunigung der tödlichen Kriegsdynamik.

Den *Adagia* des Erasmus von Rotterdam ist die altgriechische Sentenz Pindars zu entnehmen, der Krieg erscheine nur den darin Unerfahrenen reizvoll.[82] Und bereits im antiken Standardwerk zur Kriegsführung *Epitoma rei militaris* stellte Vegetius fest, dass keine Unerfahrenen auf das Schlachtfeld geführt werden dürften.[83] Der im Imperium Romanum unter *Dulce bellum inexpertis* bekannte Sinnspruch veranlasste Erasmus zu seiner im Geiste des Renaissance-Humanismus verfassten Antikriegsschrift aus 1515. Seine Überlegungen zum Thema Krieg haben auch im Angesicht der im Jahre 2022 stattfindenden Invasion der Ukraine durch Russland kaum an Aktualität ein-

---

81 Vgl. Sunzi (1988), S. 24. Vgl. Jaspers (1983).

82 Vgl. Pindar (1997), *Hyporchemata*, Stobaeus, ecl. 4.9.3., Frg. 110.

83 Vegetius (1997), I, XI, 4 u. III, 9, 16ff.

gebüßt: „*Wenn man die Sache genau erforscht, wird man finden, dass fast alle Kriege ... entweder aus Torheit oder aus Bosheit entstanden sind.*“[84] Die Perfidie des militärischen Populismus zeigt sich am resignativen Befund des Erasmus: „*Wer sich von den Soldaten aber am unmenschlichsten zeigt, wird für würdig gehalten, im nächsten Krieg als Führer zu agieren.*“[85] Damals wie heute scheint die Überantwortung großer Teile des Gewissens an den Gehorsam eine zentrale Bedingung für militärisches Funktionieren gewesen zu sein, wie auch F. Nietzsche in der Kriegsrede Zarathustras bestätigt: „*Einem guten Kriegsmanne klingt »du sollst« angenehmer, als »ich will«.*“[86]

Die Erosion von Bedeutung hin zu jenem sprachlichen Endpunkt, an dem die Leerform an die Stelle des Inhalts tritt und akzeptiert wird, stellt nach wie vor eine erhebliche diskursive Gefahr dar.

„Should I kill humans?“[87] Artificial Intelligence und Ethik

Die Demarkationslinie zwischen analogen und digitalen Diskursen, zwischen digital vervielfältigten Lügen, Hassreden und Vorwänden für analoge Gewalt ist in Auflösung begriffen. Digitale und analoge Grenzbereiche sind längst diffus geworden, indem konturierte diskursive Dimensionen ineinander übergegangen sind. Der bevorstehende qualitative Sprung vom Wort zur Tat muss demgemäß mit Notwendigkeit ein digi-

84 Erasmus v. Rotterdam (1987), S. 81.

85 Ebda., S. 67.

86 Nietzsche (1989), S. 59.

87 Vgl. TU Darmstadt, Fachbereich Informatik, AI & ML, Präsentation einer Moral Choice Machine, 2020.

taler sein. Die beliebige, kontingente Gleichstellung wahrer und falscher Informationen wird künftig zu den gravierenden individuellen und kollektiven Risiken zählen. Indem die technologischen Methoden bereitzustehen beginnen, um mittels Sprache und Bildsprache Ununterscheidbarkeit hervorzubringen, könnten fortan wahre und nützliche von schädlichen oder nur bestimmten Partikularinteressen dienenden Informationen nicht mehr unterschieden werden.

Ununterscheidbarkeit von wahr und falsch destabilisiert den Diskurs auf einer sehr tief liegenden sprachlichen Ebene, jener der Propositionen und deren Wahrheitswerten. Dieser tiefe Eingriff in die semantische Funktionsweise hat zur Konsequenz, dass auch die modale Welt, jene der Möglichkeit, von den tektonischen Spracherschütterungen betroffen sein wird. Lügen, Relativierungen und Manipulationen werden fortan mit atemberaubender Perfektion in Kommunikationsplattformen infiltrierbar werden. Die subkutane, aktive Steuerung und Beeinflussung des Diskurses kann hinkünftig nicht nur zu manipulierten Meinungsänderungen kleinerer Gruppen von Menschen führen. Bei entsprechender Skalierung kann diese sogar zum gelenkten Vertrauensverlust und Meinungsumschwung ganzer Sinusmilieus und somit wesentlicher Teile von Gesellschaften missbraucht werden.

Zu den bestehenden *cleavages*, den kritischen Bruchlinien in der Gesellschaft, wird jene der Relativierung von *wahr* und *falsch*, etwa im Falle gesellschaftlich bedeutsamer Fragen, hinzukommen. Die digitalen Lügen zweiter Ordnung werden vermutlich jene sein, die ohne die wahre Bedeutung von *Bedeutung* zu erfassen, auf Algorithmen basierend, in bestehende Diskurse sprachlich infiltriert werden. Mit diesen können politisch und wirtschaftlich messbare Effekte erzeugt werden, die etwa zu Verzerrungen der Nachfrage und Preisbildung auf den globalen Märkten oder solchen bei nationalen Wahlentscheidungen führen. Direkte Eingriffe und Manipulationen, die jedoch den Anschein der Zulässigkeit erwecken werden, da sie wirken, als wären sie unbeeinflusst und mittelbar zustande gekommen. Tiefe Eingriffe in die Genetik des Diskurses drohen jedenfalls gesamtgesellschaftliche Dimensionen anzunehmen.

Ethische Rahmenbedingungen als politisch und wirtschaftlich bindende Verpflichtungsrahmen wären daher bereits während der Entwicklung von *Artificial Intelligence* dringend vonnöten. Leitlinien supranationaler Organisationen, nationaler Institutionen und NGOs sowie wissenschaftliche Studien, sind nur erste Schritte zu ethischen Rahmenwerken.[88] Diese halten jedoch mit der ungleich schnelleren und mit gewaltigen finanziellen Ressourcen ausgestatteten globalen Entwicklung von *Artificial Intelligence* (AI) und *Machine Learning* (ML) nicht einmal ansatzweise mit. Dass die Kräfte des Marktes für ausgleichende Wirkung zwischen ethischen Forderungen und der gewinnorientierten Entwicklung von AI und ML sorgen könnten, darf bezweifelt werden.

Eine der größten Stärken und zugleich eine der größten Schwächen der Naturwissenschaften liegt in deren Erforschung einer methodisch reduzierten Form von Lebenswirklichkeit. Fragen der Ethik zählten und zählen nicht zu den Bereichen naturwissenschaftlicher Forschung. Demgemäß hatten und haben

---

88 Vgl. Boddington (2017); vgl. *Ethik-Leitlinien für eine vertrauenswürdige KI* (2019), Brüssel: Europäische Kommission.

die Naturwissenschaften und insbesondere auch die Ökonomik diese Fragen weder methodisch zu stellen, noch zu beantworten, sondern stets nur zu berühren. Die Wirtschaftssubjekte auf dem Gebiet der Entwicklung und Distribution von AI und ML, werden *in praxi*, so darf erwartet werden, moralische Selbstverpflichtungen weitgehend ignorieren oder umgehen, um potenzielle Kosten und damit Wettbewerbsnachteile zu vermeiden. Da die Entwicklung von AI große Verlockungen und Verheißungen in Form von Gewinnen bereithält, wird es den ähnlich orientierten Stakeholdern vorteilhaft erscheinen, den Dilemmastrukturen zwischen Ethik und Ökonomie weitestgehend zu entfliehen. Durch das Umgehen oder Überspringen ethischer Themenkomplexe werden künftige Wirtschaftssubjekte auf den Gebieten AI und ML in die Lage versetzt, sich der Illusion des „neutralen" technologischen Fortschritts hingeben zu können. Allein der Fortschritt war in der Kulturgeschichte weder jemals neutral noch konsequenzlos.

Neben den zahlreichen positiven Entwicklungen, für die AI maßgeblich sein wird, etwa im diagnostischen Bereich des Gesundheitswesens, in der Unterstützung wirtschaftlicher Planungs- und Entscheidungsstrukturen sowie der Steuerung komplexer Prozesse, wird die sogenannte künstliche Intelligenz aber auch globale Gesichtserkennungssysteme perfektionieren und autonome Waffensysteme dirigieren. Letztere werden, Algorithmen folgend, selbsttätig Entscheidungen über Leben und Tod treffen und exekutieren, aus den gewonnenen Daten „lernen" und Algorithmen „verbessern", d.h. selbsttätig verändern. Angesichts von Tötungsentscheidungen auf der Grundlage von AI und ML droht sich die Frage nach der Zuordenbarkeit von Verantwortung, insbesondere in Fällen von Fehlern und Fehlentscheidungen, fortan im Geflecht digitaler Entscheidungsautonomie aufzulösen.

Im Sinne des Gesellschaftsvertrages muss auch die Frage gestellt und beantwortet werden, welchem Teil der Gesellschaft welche Bereiche der Entwicklung von AI primär nützen. Da gegenwärtig nur wenige Staaten und globale Konzerne in der Lage sind, sich an der Entwicklung von AI substanziell zu beteiligen, ist auch die Antwort auf die Frage ausständig, welche Teile der Gesellschaft den höchsten Risiken ausgesetzt sein könnten. Ein umfassender ethischer Kodex, der mehr ist als ein kurzes Grün- oder Weißbuch, sollte für das weltweite wirtschaftliche, wirtschaftspolitische und unternehmerische Verhalten im Zusammenhang mit der Entwicklung von AI und ML formuliert und kontinuierlich überarbeitet werden, um relevant zu bleiben. Diese Richtlinien müssten in einem weiteren Schritt politisch implementiert und in verbindliche gesetzliche Normen gegossen werden, um künftig nicht nur im schallenden Gelächter freiwilliger Selbstverpflichtungen internationaler (Rüstungs)konzerne unterzugehen. Da auch hinkünftig nicht zu erwarten ist, dass Wirtschaftssubjekte ihr Verhalten freiwillig an ethischen Regelwerken orientieren werden, es sei denn, dieses Verhalten wird ökonomisierbar, wie die vielen Fälle von Greenwashing im Klimakontext eindrucksvoll zeigen, sollten, um zumindest im Ergebnis moralisches Wirtschaftsverhalten zu erreichen, ethische Regelwerke mit erheblichen ökonomischen Anreizen verknüpft werden.

Möglicherweise werden Menschen künftig dazu bereit sein, Teile ihrer Lebenswirklichkeit zu verlassen und einen Anteil an Simulation, d.h. Täuschung und Lüge, als deren neue Diskursqualität zu akzeptieren. Es könnte im Zuge der selbstlernenden AI in absehbarer Zeit auch die Schwelle des Vertrauens überschritten werden. Dieser qualitative Sprung hat gleichfalls diskursive Implikationen, sobald algorithmenbasierten AI-Entscheidungen eher und bereitwilliger vertraut wird als menschlichem Denken und Entscheiden. Im Sinne der antiken *Parrhesia*, dem *Wahrsprechen* als offen und frei ausgesprochenem Wort, darf aufgrund historischer Erfahrung nicht erwartet werden, dass eine Erarbeitung samt kontinuierlicher Fortentwicklung substanzieller ethischer Rahmenwerke für die Entwicklung von AI rechtzeitig vorliegen wird.

Die dringende Notwendigkeit eines ethischen Korsetts für die bereits pulsierende Entwicklungsdynamik von Artificial Intelligence besteht nicht aufgrund ihres gegenwärtigen basalen Entwicklungsstandes, sondern aufgrund der Möglichkeiten, in welche Forschungen ihrem Wesen nach immer drängen müssen und werden. Ethische Verpflichtungsrahmen zu etablieren, deren Wirkungen den im Zivilisationsprozess unter Druck geratenen Diskurs stützen und stabilisieren, scheint im Sinne des Gesellschaftsvertrages ein nicht überbetonbares Gebot der Stunde zu sein.

Literaturverzeichnis

Arendt, H. (1945). »Approaches to the ‚German Problem'«. *Partisan Review*. 12/1, S. 95–106.

Arendt, H. (1953). »Ideology and Terror: A Novel Form of Government«. *The Review of Politics*. 15/3, S. 303–327.

Arendt, H. (1972). *Wahrheit und Lüge in der Politik*. München: Piper.

Arendt, H. (1991). *Elemente und Ursprünge totaler Herrschaft*. München: Piper.

Aristoteles (1989). *Metaphysik*. Hamburg: Meiner.

Aristoteles (1996). *Politik*. Berlin: Akademie.

Aristoteles (2002). *Rhetorik*. Berlin: Akademie.

Aristoteles (2007). *Die Nikomachische Ethik*. Düsseldorf: Artemis & Winkler.

Asbridge, T.S. (2010). *Die Kreuzzüge*. Stuttgart: Klett-Cotta.

Assmann, J. (1984). »Krieg und Frieden im alten Ägypten: Ramses II. und die Schlacht bei Kadesch«, in: *Mannheimer Forum 1983/84*, Sonderdruck. Mannheim: Boehringer Mannheim, S. 175–231.

Assmann, J. (1997). *Das kulturelle Gedächtnis. Schrift, Erinnerung und politische Identität in frühen Hochkulturen*. München: Beck.

Augustinus, A. (1891). »Contra Faustum Libri XXXIII«, in: *Corpus Scriptorum Ecclesiasticorum Latinorum*, Bd. XXV. Wien: Verl. d. Österr. Akad. d. Wiss., S. 249–797.

Augustinus, A. (1993). *De civitate Dei*. Bde. I–II. Stuttgart: Teubner.

Augustinus, A. (2013). *De mendacio*. Werke, Bd. 50, I. Paderborn: Schöningh.

Austin, J.L. (1972). *Zur Theorie der Sprechakte*. Stuttgart: Reclam.

Bacon, F. (2017). *The Essays or Counsels, Civil and Moral.* Hastings: Delphi Classics.

Barr, J. (1993). *Biblical Faith and Natural Theology*. Oxford: Clarendon Press.

Becker, A. (1988). *Papst Urban II. (1088–1099) Der Papst, die griechische Christenheit und der Kreuzzug*. Bd. II. Stuttgart: Hiersemann.

Benjamin, W. (1991). *Das Passagen-Werk*. Gesammelte Schriften, Bd. V. Frankfurt: Suhrkamp.

Benveniste, É. (1969). *Le vocabulaire des institutions indo-européennes*. Bde. I–II. Paris: Les Éditions de Minuit.

Blix, H. (2004). *Disarming Iraq. The Search for Weapons of Mass Destruction*. London: Bloomsbury.

Blumenberg, H. (1960). *Paradigmen zu einer Metaphorologie*. Bonn: Bouvier.

Blumenberg, H. (1988). *Schiffbruch mit Zuschauer. Paradigma einer Daseinsmetapher*. Frankfurt: Suhrkamp.

Boddington, P. (2017). *Towards a Code of Ethics for Artificial Intelligence*. Cham: Springer.

Borchert, W. (1964). *Draußen vor der Tür und ausgewählte Erzählungen*. Reinbek: Rowohlt.

Braulik, G. (1978). *Die Mittel deuteronomischer Rhetorik*. Rom: Biblical Institute Press.

Braulik, G. u. Lohfink, N. (2021). *Sprache und literarische Gestalt des Buches Deuteronomium. Beobachtungen und Studien*. Berlin: Peter Lang.

Buber, M. (2001). *Frühe kulturkritische und philosophische Schriften 1891–1924*. Werkausgabe, Bd. I. Gütersloh: Gütersloher Verlagshaus.

Buchez, P. (1836). *Histoire parlementaire de la Révolution Française*. Bd. XXVIII. Paris: Hetzel.

Butler, J. (2006). *Hass spricht. Zur Politik des Performativen*. Frankfurt: Suhrkamp.

Caesar, G.J. (2013). *Der Gallische Krieg. De Bello Gallico*. Berlin: Akademie.

Callwell, C.E. (1996). *Small Wars. Their Principles and Practice*. Lincoln: University of Nebraska Press.

Cassirer, E. (2002). *Vom Mythus des Staates*. Hamburg: Meiner.

Celan, P. (2003). *»Die Gedichte« Gesamtausgabe*. Frankfurt: Suhrkamp

Cicero, M.T. (1971). *Sämtliche Reden*. München: Saur.

Cicero, M.T. (2002). *Orator*. München: Saur.

Cicero, M.T. (2007). *De Oratore. Über den Redner*. Düsseldorf: Artemis & Winkler.

Cicero, M.T. (2008). *De officiis*. Düsseldorf: Artemis & Winkler.

Cicero, M.T. (2011a). *Die Catilinarischen Reden*. Berlin: Akademie.

Cicero, M.T. (2011b). *Die Reden gegen Verres*. Berlin: Akademie.

Clairvaux, B. v. (1992). *Sämtliche Werke*. Bd. III. Innsbruck: Tyrolia.

Clausewitz, C. v. (2002). *Vom Kriege*. München: Ullstein.

Coady, C.A.J. (1992). *Testimony. A Philosophical Study*. Oxford: Clarendon Press.

Conrad, J. (2018). *Heart of Darkness*. Cambridge: Cambridge University Press.

Creuzer, F. (1819). *Symbolik und Mythologie der alten Völker*. Leipzig: Heyer und Leske.

Derrida, J. (1976). *Die Schrift und die Differenz*. Frankfurt: Suhrkamp.

Derrida, J. (2005). *Poétique et politique du témoignage*. Paris: Éditions de L'Herne.

Derrida, J. (2012). *Histoire du mensonge. Prolégomènes*. Paris: Éditions Galilée.

Diels, H. u. Kranz, W. (Hrsg.) (1996). *Die Fragmente der Vorsokratiker*. Bde. I–II. Zürich: Weidmann.

Einstein, A. u. Freud, S. (1953). *Warum Krieg?* Wien: Schriftenreihe d. UNESCO-Kommission.

Elias, N. (1998). *Über den Prozeß der Zivilisation. Soziogenetische und psychogenetische Untersuchungen*. Bde. I–II. Frankfurt: Suhrkamp.

Engelberg, E. (1986). *Bismarck*. Bde. I–II. Berlin: Siedler.

Erasmus v. Rotterdam (1987). *»Süß scheint der Krieg den Unerfahrenen«*. München: Kaiser.

Erdmann, C. (1974). *Die Entstehung des Kreuzzugsgedankens*. Darmstadt: Wissenschaftliche Buchgesellschaft.

Ewald, J. v. (1785). *Abhandlung über den kleinen Krieg*. Kassel: Cramer.

Fichte, J.G. (2008). *Reden an die deutsche Nation*. Hamburg: Meiner.

Fichte, J.G. (2018). »Über den Begriff des wahrhaften Krieges«, in: *Sämtliche Werke, Bd. IV, 2. Abt. Zur Rechts- und Sittenlehre II*. Berlin: De Gruyter.

Foucault, M. (1992). *Archäologie des Wissens*. Frankfurt: Suhrkamp.

Foucault, M. (1996). *Diskurs und Wahrheit. Die Problematisierung der Parrhesia*. Berlin: Merve.

Foucault, M. (1997). *Die Ordnung des Diskurses*. Frankfurt: Fischer.

Foucault, M. (2009). *Die Regierung des Selbst und der anderen*. Frankfurt: Suhrkamp.

Fricker, E. (2006). »Second-Hand Knowledge«. *Philosophy and Phenomenological Research*. 73/3, S. 592–618.

Gadamer, H.-G. (1999). *Wahrheit und Methode. Grundzüge einer philosophischen Hermeneutik*. GW, Bd. I, Tübingen: Mohr Siebeck.

Goldhill, S. (Hrsg.) (2010). *Being Greek under Rome. Cultural Identity, the Second Sophistic and the Development of Empire*. Cambridge: Cambridge University Press.

Grotius, H. (1950). *De iure belli ac pacis*. Tübingen: Mohr.

Habermas, J. (1995). *Theorie des kommunikativen Handelns*. Bde. I–II. Frankfurt: Suhrkamp.

Hagenmeyer, H. (Hrsg.) (1913). *Fulcheri Cartonensis Historia Hierosolymitana*. Heidelberg: Carl Winters Universitätsbuchhandlung.

Haller, J. (1965). *Das Papsttum. Idee und Wirklichkeit*. Bde. I–V. Reinbek: Rowohlt.

Hammer-Purgstall, J. v. (1818). *Die Geschichte der Assassinen*. Stuttgart: Cotta'sche Buchhandlung.

Hegel, G.W.F. (1999). *Vorlesungen über die Philosophie der Geschichte*. GW, Bd. XII. Frankfurt: Suhrkamp.

Hegel, G.W.F. (2009). *Grundlinien der Philosophie des Rechts*. GW, Bd. XIV, 1. Hamburg: Meiner.

Herodot (2006). *Historien*. Düsseldorf: Artemis & Winkler.

Hobbes, T. (2011). *Leviathan: oder Stoff, Form und Gewalt eines kirchlichen und bürgerlichen Staates*. Frankfurt: Suhrkamp.

Homer (2013). *Ilias*. Berlin: Akademie.

Homer (2013). *Odyssee*. Berlin: Akademie.

Honneth, A. (1992). *Kampf um Anerkennung. Zur moralischen Grammatik sozialer Konflikte*. Frankfurt: Suhrkamp.

Isaac, B. (2004). *The Invention of Racism in Classical Antiquity*. Princeton: Princeton University Press.

Jaspers, K. (1958). *Die Atombombe und die Zukunft des Menschen*. München: Piper.

Jaspers, K. (1983). *Vom Ursprung und Ziel der Geschichte*. München: Piper.

Jaurès, J. (1959). *Textes choisis*. Paris: Éditions sociales.

Kant, I. (2020). *Gesammelte Werke*. Akademieausgabe, Bde. I–XXIII. Berlin: De Gruyter.

Karnow, S. (1997). *Vietnam. A History*. New York: Penguin.

Keller, R. (2005). *Wissenssoziologische Diskursanalyse. Grundlegung eines Forschungsprogramms*. Wiesbaden: VS Verlag für Sozialwissenschaften.

Klemperer, V. (1991). *LTI. Notizbuch eines Philologen*. Leipzig: Reclam.

Lackey, J. u. Sosa, E. (Hrsg.) (2006). *The Epistemology of Testimony*. Oxford: Oxford University Press.

Las Casas, B. de (1875/76). *Historia de las Indias*. Bde. I–V. Madrid: Ginesta.

Las Casas, B. de (1981). *Kurzgefasster Bericht von der Verwüstung der Westindischen Länder*. (Hrsg. H.M. Enzensberger). Frankfurt: Insel.

Laub, D. (1992). »An Event Without a Witness: Truth, Testimony and Survival«, in: Felman, S. & Laub, D. (Hrsg.). *Testimony. Crises of Witnessing in Literature, Psychoanalysis, and History*. New York, NY: Routledge, S. 57–74.

Levi, P. u. De Benedetti, L. (2017). *So war Auschwitz. Zeugnisse 1945–1986*. München: Hanser.

Levi, P. (1990). *Die Untergegangenen und die Geretteten.* München: Hanser.

Lévinas, E. (1934). »Quelques réflexions sur la philosophie de l'Hitlérisme«. *Esprit. Revue Internationale.* 3/26, S. 199–208.

Lévinas, E. (1987). *Totalität und Unendlichkeit. Versuch über die Exteriorität.* Freiburg: Alber.

Lévinas, E. (1989). *Humanismus des anderen Menschen.* Hamburg: Meiner.

Lind, M.C. (1980). *Yahweh is a Warrior. The Theology of Warfare in Ancient Israel.* Scottdale: Herald Press.

Locke, J. (1967). *Zwei Abhandlungen über die Regierung.* Frankfurt: Suhrkamp.

Lohfink, N. (1985) (Hrsg.). *Das Deuteronomium. Entstehung, Gestalt und Botschaft.* Leuven: University Press.

Lohfink, N. (1992). *Krieg und Staat im alten Israel.* Barsbüttel: Institut für Theologie und Frieden.

Lohfink, N. (1995). *Studien zum Deuteronomium und zur deuteronomistischen Literatur.* Bd. III, Stuttgart: Katholisches Bibelwerk.

Luhmann, N. (2000). *Vertrauen. Ein Mechanismus der Reduktion sozialer Komplexität.* Stuttgart: Lucius & Lucius.

Lyotard, J.-F. (1989). *Der Widerstreit.* München: Fink.

Machiavelli, N. (1977). *Discorsi. Gedanken über Politik und Staatsführung.* Stuttgart: Kröner.

Machiavelli, N. (2019). *Der Fürst.* Hamburg: Meiner.

Mann, H. (1933). *Der Hass. Deutsche Zeitgeschichte.* Amsterdam: Querido.

Mann, T. (1914). »Gedanken im Kriege«. *Neue Rundschau.* 25/11, S. 1471–1484.

Margalit, A. (2000). *Ethik der Erinnerung.* Frankfurt: Fischer.

Markov, W. (1986). *Revolution im Zeugenstand. Frankreich 1789–1799. Gesprochenes und Geschriebenes.* Bd. II. Leipzig: Reclam.

Marouzeau, J. (1949). *Quelques aspects de la formation du latin littéraire*, Paris: Editions Klincksieck.

Mayer, H.E. (2005). *Geschichte der Kreuzzüge*. Stuttgart: Kohlhammer.

Momigliano, A. (2011). *Alien Wisdom. The Limits of Hellenization*. Cambridge: Cambridge University Press.

Mommsen, T. (1903). *Römische Geschichte*, Bd. I. Berlin: Weidmann.

Montaigne, M. de (2001). *Les Essais*. Paris: Le livre de poche.

Montesquieu, C.-L. de (1994). *Vom Geist der Gesetze*. Stuttgart: Reclam.

Müller, R.-D. (2010). *An der Seite der Wehrmacht. Hitlers ausländische Helfer beim »Kreuzzug gegen den Bolschewismus« 1941–1945*. Frankfurt: Fischer.

Natorp, P. (1915). »Der Weg zum Frieden«. *Deutscher Wille. Des Kunstwarts 29. Jahr*. 29/5, S. 167–174.

Nietzsche, F. (1973). »Die Philosophie im tragischen Zeitalter der Griechen«, in: *Sämtliche Werke.* Abtlg. 3, Bd. II. Berlin: De Gruyter.

Nietzsche, F. (1980). »Über Wahrheit und Lüge im außermoralischen Sinn«, in: *Sämtliche Werke.* Bd. I. Berlin: De Gruyter.

Nietzsche, F. (1988). »Menschliches, Allzumenschliches«, in: *Sämtliche Werke.* Bd. II. Berlin: De Gruyter.

Nietzsche, F. (1988). »Nachgelassene Fragmente 1869–1874«, in: *Sämtliche Werke.* Bd. VII. Berlin: De Gruyter.

Nietzsche, F. (1988). »Zur Genealogie der Moral«, in: *Sämtliche Werke.* Bd. V. Berlin: De Gruyter.

Nietzsche, F. (1989). »Also sprach Zarathustra«, in: *Sämtliche Werke.* Bd. IV. Berlin: De Gruyter.

Noethlichs, K.L. (2001). *Die Juden im christlichen Imperium Romanum (4.–6. Jahrhundert)*. Berlin: Akademie.

Orwell, G. (2021). *Nineteen Eighty-Four*. London: Alma Classics.

Platon (1991). *Sämtliche Werke*, Bde. I–X, Übers. Friedrich Schleiermacher. Frankfurt: Insel.

Platon (1993). *Sämtliche Dialoge*, Bde. I–VII, Übers. Otto Apelt. Hamburg: Meiner.

Pohlenz, M. (1984). *Die Stoa. Geschichte einer geistigen Bewegung*. Göttingen: Vandenhoeck & Ruprecht.

Popper, K.R. (1992). *Die offene Gesellschaft und ihre Feinde*. Bd. I. Tübingen: Mohr Siebeck.

Quintilianus, M.F. (2011). *Institutio oratoria – Ausbildung des Redners*. Darmstadt: Wissenschaftliche Buchgesellschaft.

Rad, G. v. (1965). *Der Heilige Krieg im alten Israel*. Göttingen: Vandenhoeck & Ruprecht.

Reinhard, W. (2016). *Die Unterwerfung der Welt. Globalgeschichte der europäischen Expansion 1415–2015*. München: Beck.

Ricœur, P. (1971). *Symbolik des Bösen*. Freiburg: Alber.

Ricœur, P. (2004). *Gedächtnis, Geschichte, Vergessen*. München: Fink.

Riley-Smith, J. (2005). *Wozu heilige Kriege? Anlässe und Motive der Kreuzzüge*. Berlin: Wagenbach.

Robespierre, M. (1971). *Ausgewählte Texte*. Hamburg: Merlin.

Rousseau, J.-J. (1996). *Vom Gesellschaftsvertrag oder Grundlagen des politischen Rechts*. Frankfurt: Insel.

Rowlett, L.L. (1996). *Joshua and the Rhetoric of Violence. A New Historicist Analysis*. Sheffield: Academic Press.

Runzheimer, J. (1962). »Der Überfall auf den Sender Gleiwitz im Jahre 1939«. *Vierteljahreshefte für Zeitgeschichte*. 10/4, S. 408–426.

Sailer-Wlasits, P. (2003). *Die Rückseite der Sprache. Philosophie der Metapher*. Wien: Edition Va Bene.

Sailer-Wlasits, P. (2007). *Hermeneutik des Mythos. Philosophie der Mythologie zwischen Lógos und Léxis*. Wien: Edition Va Bene.

Sailer-Wlasits, P. (2016). *Minimale Moral. Streitschrift zu Politik, Gesellschaft und Sprache*. Wien: new academic press.

Sailer-Wlasits, P. (2020). *Uneigentlichkeit. Philosophische Besichtigungen zwischen Metapher, Wahrsprechen und Zeugenschaft. Ein Essay*. Würzburg: Königshausen & Neumann.

Sailer-Wlasits, P. (2021). *Verbalradikalismus. Kritische Geistesgeschichte eines soziopolitisch-sprachphilosophischen Phänomens*. 2. Aufl. Würzburg: Königshausen & Neumann.

Sallust (1994). *Werke*. Düsseldorf: Artemis & Winkler.

Scheler, M. (1915). *Der Genius des Krieges und der deutsche Krieg*. Leipzig: Weiße Bücher.

Schopenhauer, A. (1999). *Parerga und Paralipomena: kleinere philosophische Schriften*. Bde. I–II. Zürich: Haffmans.

Schreckenberg, H. (1999). *Die christlichen Adversus-Judaeos-Texte und ihr literarisches und historisches Umfeld (1.–11. Jh.)*. Frankfurt: Peter Lang.

Schuessler, J.M. (2015). *Deceit on the Road to War. Presidents, Politics, and American Democracy*. Ithaca: Cornell University Press.

Searle, J.R. (1976). *Sprechakte. Ein sprachphilosophischer Essay*. Frankfurt: Suhrkamp.

Searle, J.R. (1982). *Ausdruck und Bedeutung. Untersuchungen zur Sprechakttheorie*. Frankfurt: Suhrkamp.

Sepúlveda, J.G. de (1984). *Demócrates Segundo o De las justas causas de la guerra contra los indios*. Madrid: Inst. Francisco de Vitoria.

Sepúlveda, J.G. De (2018). *Democrates secundus / Zweiter Demokrates*. (Hrsg. C. Schäfer). Stuttgart: Frommann-Holzboog.

Sternberger, D; Storz, G. u. Süskind, W.E. (1989). *Aus dem Wörterbuch des Unmenschen*. Frankfurt: Ullstein.

Sunzi (1988). *Die Kunst des Krieges*. München: Droemer Knaur.

Tacitus, C.P. (1954). *Annalen*. München: Heimeran.

Tacitus, C.P. (1998). *Dialogus de oratoribus. Das Gespräch über die Redner*. Düsseldorf: Artemis & Winkler.

Tacitus, C.P. (2010). *Historien*. Mannheim: Artemis & Winkler.

Thomas v. Aquin (1886–92). *Summa Theologiae*. Bde. I–12. Regensburg: Manz.

Thukydides (1993). *Geschichte des Peloponnesischen Krieges*. München: Artemis & Winkler.

Tripp, C. (2007). *A History of Iraq*. Cambridge: Cambridge University Press.

Trotter, W.R. (2000). *A Frozen Hell. The Russo-Finnish Winter War of 1939–1940*. Chapel Hill: Algonquin.

Varro, M.T. (1910). *De lingua latina libri qui supersunt*. Leipzig: Teubner.

Vegetius Renatus, P.F. (1997): *Epitoma rei militaris. Abriss des Militärwesens*. Stuttgart: Steiner.

Voltaire (2015). *Mérope. Tragédie*. Cork: Éditions Ligaran.

Weber, M. (1988). *Gesammelte Aufsätze zur Religionssoziologie*. Bd. I. Tübingen: Mohr.

Weber, M. (2003). »Briefe 1913–1914«, in: *Gesamtausgabe*. Abt. 2, Bd. VIII. Tübingen: Mohr.

Wittgenstein, L. (1984). *Philosophische Untersuchungen*. Frankfurt: Suhrkamp.

Wright, Q. (1964). *A Study of War*. Chicago: Univ. of Chicago Press.

Zöllner, W. (1990). *Geschichte der Kreuzzüge*. Berlin: Deutscher Verlag der Wissenschaften.

Personenindex